しまりすの親方式 高認学習室シリーズ

著者：しまりすの親方　発行：学びリンク

膨大な学習範囲を整理！勉強が苦手でも安心です。

▶ **1** 最低合格ライン「45点」に的を絞った"やさしい"解説！

▶ **2** 大学受験等に有利となるA評価「80点」以上も目指せる！

▶ **3** 膨大な範囲を整理し、勉強方針を示してくれる！

その合格攻略術の圧倒的な実績の高さから人気を博すカリスマ親方が、最新の過去問を徹底研究し、合格ライン「45点」に的を絞って解説。新シリーズでは、その後の大学受験等にも有利となるA評価「80点」以上の獲得も目指した内容になっています。

膨大な範囲から「どこを覚え、どこを捨てていいのか」を絞っているので、勉強の進め方も見えてきます。親方伝授の「裏技」をもってすれば、確実に合格、高得点を目指せます。

高認界のカリスマ親方が伝授！
3科目版【英語・数学・国語】
"読んでわかる"新感覚の参考書！試験直前対策に最適！
しまりすの親方式 高認 英数国 学習室
とりあえず高認に合格したい！大学進学やその先も視野に入れたい！
合格ライン「45点」を押さえA評価80点以上も目指せる！
しまりすの親方 著
勉強が苦手でも安心な優しい解説！
学びリンク

【3科目版】定価：2,420円（税込）
体裁：B5判 288ページ　ISBN：978-4-908555-3-29

高認界のカリスマ親方が伝授！
理科 5科目版
科学と人間生活・物理・化学・生物・地学
"読んでわかる"新感覚の参考書！試験直前対策に最適！
しまりすの親方式 高認 理科 学習室
とりあえず高認に合格したい！大学進学やその先も視野に入れたい！
合格ライン「45点」を押さえA評価80点以上も目指せる！
しまりすの親方 著
理科嫌いでも安心な優しい解説！
学びリンク

【理科版】定価：2,860円（税込）
体裁：B5判 392ページ　ISBN：978-4-908555-34-3

高認界のカリスマ親方が伝授！
社会 4科目版
世界史A・日本史A・地理A・現代社会
"読んでわかる"新感覚の参考書！試験直前対策に最適！
しまりすの親方式 高認 社会 学習室
とりあえず高認に合格したい！大学進学やその先も視野に入れたい！
合格ライン「45点」を押さえ、A評価80点以上も目指せる！
しまりすの親方 著
暗記に頼らない、考え方も解説！
学びリンク

【社会版】定価：2,640円（税込）
体裁：B5判 396ページ　ISBN：978-4-908555-36-7

収録科目

主要 3科目

理科 5科目

社会 4科目

新科目でも安心して活用できます！
※「本誌しまりす」インタビューで最新解説！

学びリンク株式会社　https://www.manabilink.co.jp

〒101-0064　東京都千代田区神田猿楽町2-1-14　A&Xビル6F
TEL：03-6260-5100　　FAX：03-6260-5101

学校探しなら
『通信制高校があるじゃん！』
https://www.stepup-school.net

JN113539

Special Interview

株式会社ミライロ 代表取締役社長

垣内 俊哉（かきうち とし や）さん

ユニバーサルデザインのコンサルティング事業を行う 株式会社ミライロの代表取締役社長を務める垣内俊哉さんは、高卒認定試験（通称：高認）を経て、大学に進学した一人です。生まれながら骨が弱く折れやすい「骨形成不全症」という病気と向き合いながら、人生を歩み続けています。これまでの人生の中で、高認との出会いで掴んだもの、そして、障害（バリア）が価値（バリュー）に変わっていった道のりを伺いました。

人生の夢の終わりから見えてきた
次の目標

　骨が弱くて折れやすい「骨形成不全症」という病気で生まれ、車いすで生活しています。これは遺伝性の病気で、父も弟も同じ病気です。私が学齢期だった当時は、障害のある子は養護学校（現・特別支援学校）に進むことが通例でしたが、周りの理解があり、地元である岐阜県の公立の小・中学校で学び、全日制高校に進学しました。

　いずれの学校もエレベーターはなく、移動時には不便がつきまとっていました。小・中学校では、幼稚園の頃から一緒に過ごしてきた友人が多く、気軽にサポートを頼める関係性がありました。一方、高校では、他の中学校から進学してきた人がほとんどで、思春期も相まって、誰かに手伝ってもらうことを申し訳ない、恥ずかしいと思うようになりました。ちょうどその頃は、「やっぱり自分は周りと違うんだ。障害者である自分にとって、教室の中には見えない何かしらのバリアがあるんだ」と感じることが増え、他者と同じになりたいという気持ちに苛まれていました。また、「やっぱり歩けるようにならないと、自分のこれからを明るく考えられないのではないか」と葛藤していました。結果、「障害を克服したい」「歩けるようになりたい」という幼少期から募り続けた思いが爆発したのです。

　足の手術とリハビリに専念するために、高校1年の秋に、高校を辞めようと決意しました。大学進学を見据えた手術・リハビリ後の進路考察パターンをまとめた資料を用意し、学校の三者面談で、担任の先生と親の説得を試みました。その時は、まだ高認のことを知りませんでした。退学については猛反対されましたが、高校1年までは高校に通って単位を修得し、高校2年から休学することを認めてもらえました。

　そして、高校2年にあたる17歳の春からは、骨形成不全症に対する治療の第一人者であった医師がいる大阪府の病院で手術を受け、リハビリ生活を送りました。手術は成功。しかし、手術から2か月ほどたった頃に、術後の経過が

悪く、歩ける可能性がほぼないことがわかりました。それでもなお、入院中に出会った恩人の言葉によって、自分が心の底からやり切ったと思えるまでリハビリを続けました。そして、「自分の足で歩く」という人生の夢に終止符を打ちました。

　その後、自分には何ができるんだろうと考えた先に、複数の道が出てきました。自分の生活を支える、車いすや杖など福祉機器の可能性に魅せられていたことから義肢装具士になる道。父の影響でもともと関心があったIT分野に進む道。ただ、自分が手を動かすよりも、誰かと一緒に、お互いのできること、できないことを補いつつ、一つのチームとして何かを達成する起業の道にも憧れていました。どの道を進むにしても大学で学ぶことが最適と考え、「大学に行く」という新たな目標ができました。

大学への道のりを救った高認
合格が一つの成功体験に

　大学に行くためには、受験資格が必要でした。高校休学前は、休学している高校に復学するか、養護学校やバリアフリーが備わった定時制高校または通信制高校に転校することを考えていました。しかし、どの選択も、新たな環境でサポートの頼みづらさが出てくること、同級生より大学に入るのが遅れてしまうことから、進路を決めかねていました。

　そんな時に出かけた本屋で、高認の本を偶然見つけて、「高認なら、最短・最速で次のステップに進める」と知り、休学している高校を辞め、高認の道に進みました。今でいう、「タイパ（タイムパフォーマンス）」ですよね。本当に、私にとって救いでした。

　そして、高認合格に向けてサポートしてくれる予備校に通いました。高校1年次の単位を修得していたことから免除される科目があり、その年の第一回目の受験で、残りの科目全てに合格しました。今振り返ると、高校1年分の単位を取り終えていてよかったと思いますね。

　大学受験までの残りの半年間は、科目数が少ない私立大学に絞って、より高いレベルを求めて、現役生や高卒生がいる予備校で受験勉強をしました。1時間近くかけて毎日通い、1日10〜12時間、中指が曲がってしまうくらい勉強しました。

　結果、義肢装具士を目指せる大学、情報技術を学べる大学に合格しました。しかし、実際に、通うキャンパスに足を運んでみると、全くバリアフリーではなかったんです。最後の最後で残されていた入試が、立命館大学経営学部の後期試験でした。倍率が非常に高くて、だめだったらまた来年受けるという覚悟のもとで受験したところ、幸いにも、合格しました。

　これまでの人生を振り返ると、歩くこと、高校で学び続

けること、大学選びなど「諦める」ことが多かったと思います。しかし、これらの「諦める」は断念したわけではなく、仏教の教えである「つまびらかにする、明らかにする」にすぎなかったと考えます。「自分の足で歩く」という夢に向かってとことんリハビリをやり切ったからこそ、歩けないという現実を知って、自分にできることを叶えるために大学進学の道が見えてきた。そして、大学受験資格を得る上で、各手段のメリット・デメリットと置かれる環境で抱くであろう感情を明らかにした結果、高認がやっぱりよかったのです。そして、高認合格が一つの成功体験になり、大学受験を迎えられたのは大きかったです。

高認の道を進む方たちは、高校に行けない、進学や就職のステップに進めないなど、いろんな事情があっての選択だと思います。その選択は、ある道を断念したというより、自身の心情や体調、置かれている状況を明らかにした上での最適解と捉えて、次のステップに進んでもらいたいです。

このように、自分を明らかにして進んだ高認の道のりは、あなたにとって、人生の礎になります。そして、きっと、高認合格は、人生の幅を広げるきっかけになると思います。私はいつ何が起こるかわからない身体で生まれ、病院で過ごす時間が多かったことから、『人生の長さは変えられなくても、人生の幅は変えられる』と信じています。人生の長さは自分でコントロールできませんが、人生の幅は、自分の選択や努力、出会いによって変えられる。みなさんにも、長さではなくて、幅にこだわる人生を歩んでもらえたらなと思います。

バリアがバリューに変わるきっかけ

私は、今、株式会社ミライロで、障害のある社員らとともに、当事者の視点を活かした事業を行っています。大学時代に副社長となる民野剛郎と出会い、大学3年の時に、一緒に起業しました。企業理念である『バリアバリュー』は、障害（バリア）を価値（バリュー）に変えるということ。私自身、これまでの人生を通して、いろんな局面で実感し、確信に変わってきた考え方です。

幼い頃から、自分の障害、歩けないこと、車いすに乗っていることをネガティブに捉え、苦しい時間が長くありました。一方で、障害があったからこそできたこと、気づけたこと、得られた経験もたくさんありました。そして、大学に入ってからは、車いすでの外回り営業の経験や民野をはじめ仲間と挑戦したビジネスコンテストなどの経験を通して、「歩けないからできること」と、バリアがバリューに変わりました。また、自分にとって大きな自信となり、生きる希望となっていきました。

バリアとは、障害に限らず、自分の苦手なことやコンプレックス、つらかった経験なども含みます。これらのネガティブな事柄は、誰しもが持ち合わせているものだと思います。そして、ネガティブな感情に苛まれるのは誰しも苦しいです。ネガティブな目線からポジティブな目線で考えてみることで、意外なバリューが見つかるかもしれません。そのためには、目線を切り替えられる言葉の表現・ボキャブラリーを持っておくことが大事です。一朝一夕とはいきませんが、日頃感じるネガティブな事柄をちょっとポジティブに捉える、この積み重ねがバリューに変わるきっかけです。

そして、そのきっかけは、高認においてもいえることです。私自身、本屋で高認の本を見つけたことで、自分の先の道に一筋の光が差しました。高認という選択肢が、バリアをバリューに変えるきっかけに繋がると、私は確信しています。

▮ Profile 　**垣内 俊哉** かきうち としや

1989年、愛知県安城市に生まれ、岐阜県中津川市で育つ。岐阜県立中津高校中退後、高卒認定試験に合格し、大学入学資格を取得。立命館大学経営学部に入学。大学在学中の2010年、株式会社ミライロを設立し、代表取締役社長を務める。また、「ユニバーサルマナー検定」で知られる、一般社団法人日本ユニバーサルマナー協会の代表理事でもある。その他、東京オリンピック・パラリンピック競技大会組織委員会のアドバイザーや、大学の客員教授・講師などに就任。著書に、『バリアバリュー 障害を価値に変える』（新潮社）、『10歳から知りたいバリアバリュー思考 自分の強みの見つけかた』（KADOKAWA）がある。

高認の先輩 Interview

高認では、様々な立場の人が受験しています。高校年代や社会人など、それぞれが目標を持って高認にチャレンジし、大学や専門学校等への進学、高卒以上が条件となっている仕事への就職などを叶えています。高認合格を経て、次のステップで活躍されている先輩たちに、高認に出会うまでの道のりや合格に向けた勉強法などを伺いました。

ずっと心残りだった「看護師」 自己実現のために高認受験へ

J-Web School

🚩 これまでの道のり

2017年　特修生制度を利用し大学で社会福祉士・
　　　　精神保健福祉士の資格を取得
2020年　看護学校進学を決意するも、
　　　　高卒資格がないことを理由に受験不可。
　　　　J-Web School「完全合格コース」に入学
2021年　高認試験で5科目合格。
　　　　その後、3科目を科目履修で修得。高認合格
2023年　看護学校へ入学し、現在2年生

Y・H さん（41歳）

中学卒業後、働きながら通信制高校に通っていましたが、働いていたほうが楽しくなって、すぐに辞めてしまったんですね。ただ、16歳のときに病気を患ってしまい、正直、生きるか死ぬかというところまでいったんです。そのとき必死になって自分に寄り添ってくれていたのが医師や看護師でした。

言われてみれば、中学の頃に父からポロっと「お前は看護師が合うんじゃない？」と言われたことがあり、そこから看護師という職業がずっと心に引っかかっていました。

30代になって社会福祉士と精神保健福祉士の資格を取得するために福祉系の大学へ進学したんです。当時はよくわかっていなかったのですが、いま思えば特修生制度で高卒資格なしで大学へ進んだんですね。大学卒業後は、ケアマネジャー（介護支援専門員）として働いていたんですが、それでも看護の仕事が頭から離れなかった。実は当時、30以上の福祉系、医療系の国家資格を持っていて、生活にも困っていなかったんです。でも、やはり自己実現のために看護学校へ進もうと決意したんです。

ところが、看護学校側から「高卒資格がないと受験できない。急いで高認試験を受けてほしい」と言われたんですね。それが高認を受けるきっかけとなりました。とは言っても、もう20年ほど勉強から遠のいていたので自信がありませんでした。それで、いろいろと調べてJ-Web Schoolの資料を取り寄せたんです。

私の場合は次の進路がすでに決まっていたので、科目履修を利用して確実に合格を目指せる「完全合格コース」を選びました。また、他の予備校も調べたんですが、J-Webの費用が一番安くて、当時35万円程度で、完全合格を目指せるのがとても魅力的でした。

最初の試験で8科目を受験し、5科目に合格しました。もともと苦手だった英語と数学、それから科学と人間生活が不合格になり、その3科目を科目履修で修得しました。

完全合格コースは科目履修を利用できる点が魅力ですが、私の場合は最初から全科目を試験で合格することを目指しましたね。科目履修があるからと、1科目だけ合格すればいいと思われる方もいるんですが、科目をたくさん残すとあとが大変なので、これから受験しようとされる方には、極力試験で合格を目指すことをおすすめします。

高認合格後は1年間浪人をして、看護学校に入学しました。高認学習が直接、看護の勉強に活かされることはあまりないんですが、その期間で学習習慣を身につけられたのは、今の学校生活にも役立っています。特に、10分でもいいから毎日勉強することが大切です。コツコツ続けていくと、だんだん勉強がわかるようになり、その10分が15分になり、30分、1時間と、時間が伸びて学習習慣が身についていくんです。

J-Webの学習は、教科書、教材、オンライン教材をハイブリットに使って繰り返し学習ができたので、とても勉強しやすかったですね。わからないことがあったら、いつでも電話やメールで先生方に質問ができて、話が派生して世間話もできたりしたので、良い息抜きの時間も与えてもらえました。仕事や将来のことも含めて、いろんな相談ができたのは嬉しかったですね。

看護学校を卒業したら、次は保健師の資格を取るための学校に進学しようと思っています。いろんな分野の知識や経験を得て、改めて看護師の職を目指そうと思っています。

大成学園

高認に向き合う時間が私を前向きにしてくれた

これまでの道のり

2014年	地元・福岡の全日制高校を中退
2017年	福岡から上京
2018年	大成学園 高卒認定コース（免除科目方式）入学
2019年〜現在	大成学園卒業後、同学園グループの放課後等デイサービス「子育て支援 和美」で働く

「放課後等デイサービス 子育て支援 和美（わび）」児童指導員

なかむら
中村 ゆうみ さん（25歳）

中学3年生の時に不登校になり、卒業後は不登校に理解があるという地元の高校に進学しました。ただ、先生の指導や校風に合わないと感じることが多く、入学して2、3カ月で中退してしまいました。

その後はアルバイトを続ける日々で、とにかく生きるためにお金を稼ごうと必死でした。でも、当時15歳でできるバイトは限られていましたし、稼げる金額も少なく、先の見えない不安とプレッシャーが常にありました。

16歳の時、家庭の事情で福岡を離れ、神奈川に住んでいた父親と一緒に暮らすことになりました。上京して最初の頃は家にこもり気味でしたが、父の元で少しずつ気持ちを整理していくことができました。

心身共に落ち着いてきた頃、父が「高卒資格は取っておいたらどうか」と提案してくれたんです。その時私は19歳でしたが、「もう一度高校をやり直してもいいかな」という気持ちも芽生えてきました。それから高校探しを始めて、家から近い大成学園を選びました。

入学相談の時、大成学園の先生が「今から3年間通わなくても、1年で高卒資格と同等の資格を取る方法もあるよ」と教えてくださったんです。「1年でできる」ことに惹かれ、高卒認定コースを受講することにしました。

高認の勉強はあまり難しいものではなく、ほぼ自分で対策を進められました。苦手な数学や英語、分からないところは先生に教えてもらいながら進めました。

試験は国語のみ受験し、残りの科目は科目履修制度で免除にすることができ、1年で合格できました。

高認に向き合っていた時間はあっという間でしたが、私にとってすごく「平和な時間」でした。それまでの私は気持ちも時間も「中卒」でストップしてしまっている感覚で、アルバイトに打ち込んでいても先の見えない不安がずっと消えなかったんです。

高認の勉強をしている時は、合格に向かって「前に進んでいる」と感じられました。その時間を経て、物事を前向きに考えられるようになった気がします。

今は放課後等デイサービスの児童指導員として働き、今年で5年目になります。昔から「子どもを支える仕事がしたい」と思っていたので、子どもたちの成長を感じる瞬間をたくさん感じられるこの仕事は天職だと思っています。

困り感を抱えている子どもや保護者の方の相談に乗ることもあり、「ひきこもりで、この先が不安」「進学させなければならないと思っているけど、どうしたらいいかわからない」といった悩みもお聞きします。自分を責めたり、「こうしなくてはいけない」といったプレッシャーを感じていたりする方も多いように感じます。かつての私も同じでした。

そういった方に向けて、私自身の話をすることもあります。私は高校を中退して高認を受け、今こうして働いています、後からでもどうにかなるんじゃないか、と。すると、「そういった情報を求めていました」と感謝されることもあります。困っている人のために、今の私だからこそ伝えられることがあるのかなと感じています。

トライ式高等学院 人生の選択肢が広がる 高認が新しい自分のスタートラインに

千葉 洋輔さん（18歳）
ちば　ようすけ

これまでの道のり

2021年	全日制高校に進学
9月	学校が合わず、別の選択肢を考えるように。その後高卒認定試験の受験を決意
11月	トライ式高等学院福島キャンパスに体験入学しながら高卒認定試験に合格
12月	高校を退学。トライ式高等学院に正式入学し、大学受験対策をスタート
2022年	3月からアルバイトをしながら受験勉強
2023年	アルバイトを辞め、受験勉強に専念
2024年	一般選抜で一橋大学経済学部に合格

中2の時に生徒会長を務めていましたが、コロナ禍の影響もあり、次第に学校から足が遠のきました。中学卒業後は全日制高校に進学しましたが、中学の時に生活リズムを崩していたため朝から学校に行くのが厳しく、高1の夏ごろから違う選択肢を考えるようになりました。

そうした時に、親から教えてもらったのが高認試験でした。通信制高校への転校か高認受験という選択肢があることを教えてもらい、親からは通信制高校を勧められましたが、大学進学のことを考えて高1の9月に高認の受験を決めました。

トライ式高等学院（以下、トライ式）に通うようになったのは、高認の勉強をしている時です。体験入学の期間にキャンパスにある教科書を使わせてもらって、週3日通いながら過去問や問題集を解いていました。

トライ式はマンツーマンの個別指導で、勉強に集中できる雰囲気が良いと感じました。人目を気にしてしまうタイプなので、学校だと落ち着かなくて授業も全く頭に入ってきませんでしたが、トライ式には似たような境遇の人がたくさんいて、周りを気にせずに勉強できたのが良かったです。また、中学時代に抜けていた基礎から学び直していけるのも大きかったです。

準備期間が約2ヶ月と短かったため不安もありましたが、11月の試験で全科目合格することができました。当日はとても緊張しましたが、過去に受験した人の準備の仕方をネットで調べて準備したおかげで乗り越えられました。

高認に合格したことで決心がつき、12月に高校を退学。トライ式に正式に入学して大学受験の勉強をスタートしました。やりたいことが見つかった時に学力が原因でやれないという

のは嫌だったので、最難関の東大を目指して勉強していきました。ただ高2の間はモチベーションが低下してしまって、正直勉強はほとんどできていなかったと思います。その分、コンビニやそば屋でアルバイトを始めて、社会経験を積めたのは大きかったです。受験期は、7月ごろから1日9時間勉強することを決め、毎日12時〜21時までトライ式で勉強をしていました。マンツーマンの授業は自由にコマを組めるので、苦手な数学を1週間集中して受けたりしていました。

そのおかげで数学が得意になり、一橋大学経済学部が第一志望になりました。5教科まんべんなく対策するのではなく、配点も大きい得意科目の数学と英語を重点的に勉強しました。一橋大学に合格できた時は本当に嬉しかったですし、2年間の努力が報われた安心感も大きかったです。大学の教授は、著名な方ばかりなので学ぶのが楽しみです。また、昔やっていたサッカーをもう一度やりたいと思っています。大学で学んだ後は、外国で金融系の職業に就きたいと考えています。一橋大学には外国で活躍している卒業生もたくさんいるので、そういう人たちの後を追いたいです。

高認試験を受けたことで自分にとって区切りがついた気がして、第2の人生ではないですがスタートラインに立てたように思います。また高校を辞めた僕にとって、トライ式高等学院は社会との接点でした。勉強だけでなく、オリエンテーションで周りの子とつながれる機会もありましたし、先生方のポジティブな声かけのおかげで2年間続けられたと思います。

高認は、人生の選択肢を広げられます。今、迷っている方や悩んでいる方は、ぜひ受験してみてほしいです。

高認を受けると決めた自分に自信を持って進んでほしい

これまでの道のり

2016年9月	全日制高校を2年生で中退。鹿児島高等予備校みらいコースに入る。
2016年11月	高認4科目合格
2016年〜2023年	医学部合格まで挑戦し続ける
2023年3月	鹿児島大学医学部医学科に首席で合格
現在	鹿児島大学医学部医学科で学ぶ

鹿児島大学 医学部医学科2年

櫻木 真里枝さん
（さくらぎ　まりえ）

鹿児島県出身で、そのまま地元の高校に進みました。しかし、高校1年の後期から朝、起きられないことが増え、だんだんと授業やテストを受けられなくなりました。今振り返ると、心と体のどちらも不調を感じていましたね。保健室登校でなんとか2年に進級させてもらったのですが、やっぱり、出席ができなくて。3年に上がるタイミングで留年となり、もう1回、2年生を送ることになりました。

その夏に中退を考えるようになって、他の高校に通いたいという気持ちがなかったので、高認を選びました。その際に、担任の先生から、「鹿児島高等予備校の中に、高認生を専門に見てくれる『みらいコース』がある」と教えてもらい、9月に中退した後は、そこに通い始めました。

みらいコースは、高認合格と大学受験に向けた対面授業が科目ごとに組まれており、予習・授業・復習に沿って、勉強を進めていきます。私自身、環境が変わって気持ちを切り替えられたことで、中退した年の11月に高認を受験することにしました。科目免除があり、残り4科目でした。苦手な科目を重点的に対策し、過去問を2、3周解きましたね。

また、みらいコースでは勉強だけでなく、受験書類の書き方や試験への不安などすぐに相談できる環境があって、ありがたかったです。おかげで、1回で4科目全て合格しました。試験当日にちゃんと会場に行って、試験を受けて、合格をもらえたことで、確実な達成感がありました。

しかし、高認合格から大学合格までの道のりはなかなかスムーズにはいきませんでした。医学部合格という当時の自分の実力や体調に伴わない高い目標を掲げ、現役では不合格。来年から頑張ろうと浪人を決意したのですが、以前在籍していた高校の同級生が同じ予備校に通うように

なって、通いづらくなってしまいました。年の半分以上欠席することが2、3年続きましたね。授業を受けていないので、模試も受験本番も怖くて、2回目の受験ではセンター試験（現：共通テスト）をドタキャン、3回目の受験では2次試験が受けられませんでした。4回目以降は2次試験まで、なんとか乗り越えられるようになりました。そのきっかけは、姉のように慕っていた叔母が急死し、目を覚まさせられたからです。「人って簡単に死ぬんだ。いつ死ぬかわからないんだ」と実感して、「私、何しているんだろう。すごく人生を無駄遣いしているな」と、ガツンと殴られたようでした。また、それまで漠然とした夢だった医学部合格が、目標にかちっと切り替わったのも大きかったです。そして、7回目の受験で、第一志望の鹿児島大学医学部医学科を首席で合格しました。

やっと、次のステージに進めるという安堵と、何より、周りがすごく喜んでくれたことが印象に残っています。家族以外のいろんな人から言葉をいただいて、周りに支えられて応援してもらえてここまでこられたんだなと改めて実感し、感謝の思いでいっぱいでした。

大学では、とにかく勉強が楽しくて、毎回、一番前の席で授業を受けています。将来は、西洋医学と東洋医学の両方からアプローチできる医者になり、患者さんがその人らしく生きられる治療ができるようになりたいです。今こうやって新たな目標に向かって頑張っている自分がいるのも、これまでに何度も失敗を繰り返して転んでも、前へ歩き続けてきた経験があるからだと思います。そう考えると、高認は、私にとって次の目標のはじめの一歩でした。今高認を目指している方には、自分の選択に自信を持って進んでほしいです。

CONTENTS
もくじ

49 高認合格後の進路

77 最新！詳細！高卒認定試験予備校
【高認関連】通信制高校 サポート校

「高認」の活用方法

　高卒認定試験（高認、旧：大検）は、文部科学省が主催する国家試験です。合格することで高校卒業と同等の学力があると認められます。つまり、高校卒業と同じように大学・専門学校への進学、就職、資格の取得ができる資格と言ってもよいでしょう。

　この記事では、そんな高卒認定試験の特徴やメリット、難易度、免除科目、願書の入手方法などについて分かりやすく解説します。

高卒認定

高卒認定試験は

『 高校卒業と
同じ学力があります 』
と証明するパスポート

高卒認定試験に合格すると‥‥

①	②	③
大学・短大・専門学校の受験ができる!	国家試験の受験資格は高卒者と同等!	企業の採用でも高卒者と同等に扱われることを目指しています!

高認合格
＝
高校卒業と
同じ学力

高認合格で次のステップへ進める!

本編に入る前に「高卒認定試験（高認）」とはどんなものかを簡単に整理していきましょう。高認の正式名称は「高等学校卒業程度認定試験」です。高校卒業とあるようにこの試験は「高校を卒業できるレベルの学力を認める」試験になっており、合格することで「この人は高校を卒業した人と同じ学力がある」という証明になります。

そして高認は文部科学省が主催している国家試験です。国が正式に「この人は高校を卒業した人と同じ学力がある」と認める試験であるため、社会のなかで「高校卒業」を条件とする様々な場面で高校卒業者と同じ扱いを受けられるようになります。

「高校卒業」が必要となる場面で最もイメージしやすいのは大学や専門学校の受験です。大学や専門学校の募集要項を見てみると「出願資格」というものが設定されています。その中に「高等学校卒業程度認定試験に合格した者」という表記も含まれており、扱いは高校卒業と同じだということがわかります。

採用試験も同じです。公務員などの採用試験には「高校卒業」を条件としているものがあります。そのような試験においても高認合格者は受験資格を与えられています。

同じく就職の際にも高認は役立ちます。高認を高卒と同等と認めるかは各企業の判断にゆだねられていますが、ルールとしては「高認だからダメ」ということはありません。

つまり、高認とは様々な理由で高校を卒業していない人が「私は高校卒業と同じ資格を持っています」と証明できるパスポートのようなものです。高認を持っていることで、あらゆる場面で選択肢が広がり、次の進路へ進んでいけるようになります。

01

どんな人が受けられるの?

幅広い年齢の受験生がいる

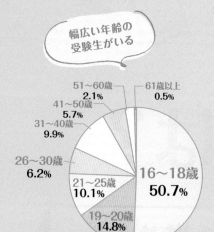

51〜60歳 2.1%
61歳以上 0.5%
41〜50歳 5.7%
31〜40歳 9.9%
26〜30歳 6.2%
21〜25歳 10.1%
19〜20歳 14.8%
16〜18歳 50.7%

▲受験者の年齢別内訳(令和5年度第2回)

大学入学資格を持っていない 16歳以上 の人なら 誰でも受験できる!

試験時に15歳であっても、翌年の3月31日までに16歳を迎える人であれば受験可能です。合格は18歳にならないと認められませんが、中学を卒業してすぐにでも高校卒業と同等の資格、大学や専門学校を受験できる資格を得られ、早めに受験勉強などにも取り組むことができます。

高校に通っている人も
受けられるの?

02 高校に通っていても OK!

単位が足りず進級や卒業が危ぶまれる場合などに、高認合格によって必要な高校の単位を補うことができます。そのほか今の高校を留年しそう、もしくは辞めたいと思っている人も在籍しながら高認を受験し、合格すれば専門学校や大学への受験資格が手に入ります。

合格者の3割以上が高校在学中

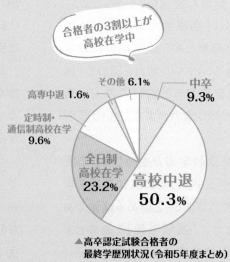

その他 6.1%
高専中退 1.6%
中卒 9.3%
定時制・通信制高校在学 9.6%
全日制高校在学 23.2%
高校中退 50.3%

▲高卒認定試験合格者の
最終学歴別状況(令和5年度まとめ)

受験者の約9割が1科目以上合格!

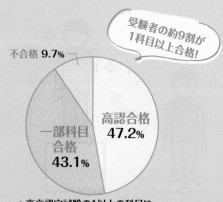

不合格 9.7%
高認合格 47.2%
一部科目合格 43.1%

▲高卒認定試験の1以上の科目に
合格した者の内訳(令和5年度まとめ)

03 試験は何度でも受けられる!

合格するのは難しい?

受験のチャンスは8月と11月の年2回あります。試験は何回でも挑戦でき、1回目の試験ですべての科目を合格できなくても、2回目・3回目とチャレンジをすることができます。また、一度合格した科目は次回以降の試験では免除されます。

※円グラフは文部科学省「令和5年度第2回高等学校卒業程度認定試験実施結果」をもとに作成

高卒認定試験は

高認ならではの
メリットも
あります!

工夫次第で費用も抑えられる!

高認は工夫次第でコストを抑えることもできます。
一つは独学です。高認で出題される範囲は高校の
基本的な内容になっているので、高校に1年以上在
籍して基礎が学べている人などは過去問を解くなど
の独学でも合格を目指せます。
また高認予備校に通う場合でも、高認受験対策と
大学受験対策をセットで行ってくれるので、費用対
効果は高いです。費用面で心配がある、また将来に
備えておきたい人は高認を選択することで必要なと
ころに資金を回せるでしょう。

[独学でも!
独学なら費用を最小限に
(料金参考) 0〜4万円程度]

[予備校でも!
予備校を利用すれば
大学受験対策もできてお得
(料金参考) 65〜80万円]

ここも
CHECK!

高認では体育や音楽などの実技科目は必
要ありません。試験にさえ合格すれば、次
のステップに踏み出すことができるので、自
分のペースで学びたい人にも高認は選ば
れています。

使い方はこんなに
あるんだね!

高認の具体的な活用方法は
次のページからマンガで紹介します!

マンガでわかる！ こんな高認活用方法があるじゃん！

● 中学生の場合 ～高校に進学しなくても高認があるじゃん～

『高校に進学しない選択！』 ＼高認なら／

『学費をおさえたい！』 ＼高認なら／

『家庭の事情で高校に行けなくても…』 ＼高認なら／

高認は、あらゆる状況下にいる方の「次のステップに進みたい」という想いを実現するものです。
ここでは、意外と知られていない便利な高認の活用方法を年代別でご紹介します。

● 高校1年生の場合　～自分らしく過ごせて、保険にもなるしいいじゃん～

『高卒資格にこだわらない！』

『高校に籍を置いたままでもOK！』

『自分のやりたいことだけに集中！』

● 高校2年生の場合　〜まだ間に合うじゃん〜

『省エネで大学に行く！』

『休学しても…』

『高校の単位を活かして！』

● 高校3年生〜大人の場合　〜あきらめなくていいじゃん〜

高認試験の内容

① 試験科目と合格要件を押さえる

✓ 選択の仕方で合格に必要な科目数が変わる

　令和4年度からの高等学校学習指導要領改訂に伴い、今年度から試験科目や合格に必要な要件などが変わりました。

　下の試験科目表にあるように、各教科の必修科目に合格する必要があります。「理科」のみ科目選択が必要となり、選択方法によって、合格に必要な科目数が8～9科目となります。

　理科の科目選択方法は、2パターンあります。①「科学と人間生活」と他1科目、または②「科学と人間生活」以外の3科目です。単純に、受験の負担を減らすのであれば、①の2科目の選択が有効ですが、自分の得意分野、その後の大学受験や進路に必要な学習など考慮しながら受験科目を選ぶことが大切です。

試験科目・合格要件

教　科	試験科目	科目数	要　件
国　語	国　語	1	必　修
地理歴史	地　理	1	必　修
	歴　史	1	必　修
公　民	公　共	1	必　修
数　学	数　学	1	必　修
理　科	科学と人間生活 物理基礎 化学基礎 生物基礎 地学基礎	2又は3	以下の①、②のいずれかが必修 ①「科学と人間生活」の1科目及び　「基礎」を付した科目のうち1科目（合計2科目） ②「基礎」を付した科目のうち3科目（合計3科目）
外国語	英　語	1	必　修

⚠ 令和5年度までで科目合格している方への注意点 ⚠

今年度から、「地理歴史」「公民」において試験科目と合格要件が変更になりました。そのため、令和5年度までに、「地理歴史」「公民」の科目に一部合格している場合、令和6年度第1回試験以降の合格に必要な科目は、下の表の通りになります。

特に注意すべきケースは、下の表にある地理歴史②の「日本史A又はB」及び「世界史A又はB」の2科目を合格している人です。今年度から「地理」が必修化されたため、追加で「地理」を受験して合格する必要があります。

また、前回までで「倫理」と「政治・経済」の2科目の選択方法で公民の合格を目指していた人も、公民②のように、いずれか1科目のみ合格している場合は、「公共」を受けなければなりません。

科目免除で、「地理歴史」「公民」の科目の試験を一部免除していた方も注意が必要です。「日本史」「世界史」で科目免除にしていた方は「地理」を、「地理」1科目だけを科目免除にしていた方は「歴史」を、「倫理」「政治・経済」のいずれか1科目を免除にしていた方は「公共」の追加受験が必要になります。「地理歴史」「公民」を高校で単位を修得したり、特定の技能審査に合格したりしている場合は免除申請ができます（詳しくはP24、110）。

これまでに全科目合格ではなく、一部の科目のみ合格している方は、もう一度、自分が受験した科目を確認してみましょう。

※科目免除の場合は、「合格」を「免除」と読み替えてください。

令和5年度までの「地理歴史」の科目合格状況		令和6年度第1回試験以降	
		免除できる試験科目	合格要件に必要な科目
①	「地理A又はB」の1科目と、「世界史A又はB」、「日本史A又はB」のうち1科目以上の合計2科目以上を合格	「地理」「歴史」	無し ※「地理歴史」の合格要件を満たしているため。
②	「日本史A又はB」及び「世界史A又はB」の2科目を合格	「歴史」	「地理」の1科目の合格が必要
③	「世界史A又はB」、「日本史A又はB」のいずれか1科目を合格	「歴史」	「地理」の1科目の合格が必要
④	「地理A又はB」の1科目を合格	「地理」	「歴史」の1科目の合格が必要

令和5年度までの「公民」の科目合格状況		令和6年度第1回試験以降	
		免除できる試験科目	合格要件に必要な科目
①	「現代社会」の1科目 又は 「倫理」「政治・経済」の2科目を合格	「公共」	無し ※「公民」の合格要件を満たしているため。
②	「倫理」「政治・経済」のいずれか1科目を合格	無し	「公共」の1科目の合格が必要

出題範囲

出題範囲は、令和4年4月以降の高校入学者が使用している教科書からになります。

試験科目	出題範囲（対応する教科書）
国語	「現代の国語」「言語文化」※古文・漢文を含む
地理	「地理総合」
歴史	「歴史総合」
公共	「公共」
数学	「数学I」

試験科目	出題範囲（対応する教科書）
科学と人間生活	「科学と人間生活」
物理基礎	「物理基礎」
化学基礎	「化学基礎」
生物基礎	「生物基礎」
地学基礎	「地学基礎」
英語	「英語コミュニケーションI」

② 受験不要の科目はある？

✓ 高校で修得済みの単位や検定などは科目免除

　過去の試験で合格しているなど、免除になる科目をチェックしておきましょう。

　高認は、過去の試験で合格した科目を、そのまま合格科目として引き継げます。年度が変わっても受け直す必要はありません。高認以前の制度である大検（大学入学資格検定）で合格した科目も同様に免除されます。

　高校を中途退学している人の場合、在籍していた高校で単位修得した科目の試験を免除できることがあります。ただ、全ての科目で免除要件を満たしていても最低1科目（合格要件を満たすために必要となる科目）以上を受験し、合格する必要があります。在籍した高校によって異なりますが、高校1年生を修了したら、おおよそ5科目程度が免除

になる場合があります。ただ、高校に入学した年度で免除に必要な修得単位数が異なります。免除申請は出願の際に、在籍していた高校から「単位修得証明書」を取り寄せ、出願書類と合わせて提出する必要があります。

　また、英検をはじめとした各種技能審査を合格している場合も、科目免除となることがあります。例えば「実用英語技能検定（通称：英検）」で準2級以上に合格している場合は「英語」が免除、「実用数学技能検定」で2級以上に合格している場合は「数学」が免除になります。

　どの単位や検定で科目免除になるのかは、P110からの「免除確認表」を確認してください。

⚠ 科目免除になるケース

P110～の「免除確認表」をチェック

①過去に在籍していた高校で単位修得

現代の国語 と 言語文化 両方の単位修得 ➡ **国語が科目免除**

数学I の単位修得 ➡ **数学が科目免除**

②特定の技能審査に合格

実用英語技能検定
準2級

英語が科目免除

免除科目表（技能審査）

免除できる科目	名　称	必要な級
歴　史	歴史能力検定	世界史3級以上及び 日本史3級以上 ※世界史と日本史の両方が必要です
数　学	実用数学技能検定	2級以上
英　語	実用英語技能検定	準2級以上
	英語検定試験	2級以上
	国際連合公用語 英語検定試験	C級以上

 # 試験当日の臨み方

✔ 合格点は「4割以上」！基本事項を押さえる！

　高認では「マークシート」と呼ばれる試験形式をとっています。問題用紙の中に4～5つの回答が書かれており、その中から正しいものを選びます。選択肢の中に必ず正答があるので、焦らず回答すれば答えを見つけることができます。

　また各科目の合格点は全問題の4割程度と言われています。基準点を満たせばすべての受験者が合格できる試験ですので、基本事項、重要ポイントをしっかり押さえておけば、十分合格を目指すことができます。

● **問題例**（平成30年度第2回試験「数学」より）

(1) 一次不等式 $2(1+x)+7≦3(x-1)$ を解くと、その解はアである。
　　次の①～④のうちから正しいものを一つ選べ。
　① $x≧12$　② $x≦12$　③ $x≧-12$　④ $x≦-12$

✔ 時間割や試験会場をチェック

　試験は2日間に分かれて実施されます。1科目の試験時間は50分。試験終了から次の試験までの休憩時間は30分です。午前中に2科目の試験を行った後に、1時間の昼食休憩があります。その後、午後の科目試験が始まる流れです。

　試験会場は、各都道府県に1会場ずつ置かれます。出願時に受験会場を決める必要がありますが、住んでいる地域に関係なく、全国どの会場でも受験することができます。交通の便や家庭の事情、落ち着いた雰囲気の地域で受験したいなど、負担なく試験に臨める会場選びも合格に向けたポイントになるかもしれません。

● **試験時間割**

	時　間	1日目	2日目
①	9:30～10:20	物理基礎	化学基礎
②	10:50～11:40	公　共	地　理
	11:40～12:40	昼食・休憩	
③	12:40～13:30	国　語	歴　史
④	14:00～14:50	英　語	生物基礎
⑤	15:20～16:10	数　学	地学基礎
⑥	16:40～17:30	科学と人間生活	

高認解説 **2**

受験までのステップ

✔ 受験資格の確認

POINT 1　大学入学資格を持っていない (高校等の卒業資格を持っていない)

具体的には
・高校や中等教育学校(中高一貫校の高等部など)を卒業していない
・特別支援学校の高等部や高等専門学校の3年次を修了していない
・指定された専修学校の高等課程を修了していない

POINT 2　受験する年度内に16歳以上になっている

　16歳以上であれば何歳でも受験できます。受験日に15歳であっても、翌年3月31日までに16歳を迎える人であれば受験できます。

　ただし、すべての科目で合格点を得ても、正式に高認合格の効力が生じるのは18歳の誕生日からです。

このような人でも 受験できます

▶現在、高校に通っている人
▶中学校を卒業していない人
▶国籍が日本でない人

3月31日時点で「16歳以上」であればOK

├─────15歳─────┤ ┤┤─────16歳─────┤

8月	**11**月	🎂	**3**月	**4**月
第1回試験	第2回試験	16歳誕生日	3/31	

✔ 受験案内(願書)を手に入れよう

【受験案内の入手方法は2つ】

①インターネット	▶テレメール資料請求受付サイト
	テレメール資料請求受付サイトにアクセスし、画面に従って請求します。請求後3〜5日で届きます。送料215円が必要です。1部ずつの請求のため、2部請求した場合は2部分の料金がかかります。
②直接入手	▶文部科学省　▶各都道府県の指定場所
	高認試験を実施する文部科学省(東京都千代田区)のほか、各都道府県の教育委員会、指定設置場所で配布しています。無料でもらうことができます。

令和6年度第1回
高等学校卒業程度認定試験
(高卒認定試験)
受験案内

文部科学省

 問い合わせ

「テレメールカスタマーセンター」
インターネット請求で不明なとき

IP電話 **050-8601-0102**
(9時30分〜18時)

令和6年度
第1回高等学校卒業程度認定試験
受験案内の詳細

文部科学省HP ▶

高認受験は「受験案内(願書)」を手に入れるところから始まります。入手した受験案内の手順に従って、書類を提出します。これを経て正式に出願となり、受験ができます。

スケジュールの確認

　高卒認定試験は毎年2回実施され、試験結果は試験日から約1カ月後に通知されます。しかし、大学や専門学校、共通テストの受験などは、出願時に高認に合格していなくても、「合格見込み」の状態で受験が可能です。そのため、高認合格後の進路を考えながら、スケジュールを確認することが大切です。

【令和6年度のスケジュール】

4月

第1回:「受験案内」配布開始
（4月1日）

第1回:出願期間
（4月1日〜5月7日※消印有効）

5月

6月

「合格見込み」で
大学や専門学校
への受験が可能

7月

第2回:「受験案内」配布開始
（7月16日）

第2回:出願期間
（7月16日〜9月6日※消印有効）

8月

第1回:試験（8月1日、2日）

第1回:結果通知
（8月27日発送予定）

9月

10月

試験で
「不合格」になった場合

試験で不合格になった科目は、通信制高校の科目履修で受験を免除することができます。

「科目履修制度」については、
P30で解説
科目履修ができる学校一覧は
P32

11月

第2回:試験（11月2日、3日）

12月

第2回:結果通知
（12月3日発送予定）

高認受験案内（願書）を入手したら…

8月の第1回高認試験を
受けるAさんの場合

Aさん
高校を中退して
高認にチャレンジ

4月初旬

教育委員会です

はいどうぞ！

ありがとうございます

令和6年度第1回
高等学校卒業程度認定試験
（高卒認定試験）
受験案内

文部科学省

受験案内には

①受験案内冊子
②受験願書・履歴書
③出願用封筒
④その他　アンケート用紙など
が入っています！

高認は住民票や科目合格通知書（科目免除を申請する場合）など必要な書類がいくつかあります。
証明書など取り寄せなくてはならない書類は発行に時間がかかることがあるので、出願に間に合うように
早めに手配しなくてはいけません。

受験料（収入印紙）

日本政府発行の収入印紙のみです。
郵便局、郵便切手類販売所、印紙売りさばき所で販売しています！

受験料（収入印紙）
7科目以上受験……8,500円
4科目以上6科目以下受験……6,500円
3科目以下受験……4,500円

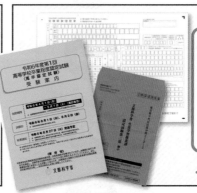

僕は5科目だから
6,500円だね

結構必要な書類や
手配しなくちゃいけないものが多いな！

出願に必要な書類

必要書類はそれぞれ変わってきます。
区役所に請求に行ったり、郵送で取り寄せたりと時間がかかる場合
があるので、時間に余裕をもって手配しましょう！

白黒でもOK！

写真2枚（4cm×3cm）

証明写真機で撮影しよう！

パシャ！

例

区役所に取りに行かないとな！

○「住民票又は戸籍抄本（本籍地記載のあるもの）」
○ 結婚して名前が変わった人は「氏名、本籍の変更の経緯がわかる公的書類」
○ 特別措置を希望する人は、「特別措置申請書及び、医師の診断・意見書」
などなど
受験案内で自分に必要な書類をよく確認しましょう。

出願に間に合うように、やることを
しっかりスケジュール帳に書いておこう!

高校で修得できている単位もあるから、
高校に連絡して単位修得証明書をもらわなくちゃ!

※通信制高校で科目履修を受けた人も
単位修得証明書を提出します。
また受験が2回目で一部科目に合格
している人は科目合格通知書などが
必要です。

よし
受験願書を記入しよう!

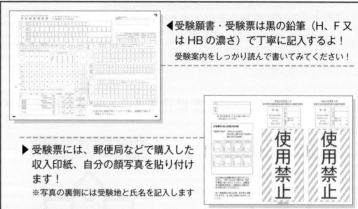

◀受験願書・受験票は黒の鉛筆（H、F又
はHBの濃さ）で丁寧に記入するよ!
受験案内をしっかり読んで書いてみてください!

▶受験票には、郵便局などで購入した
収入印紙、自分の顔写真を貼り付け
ます!
※写真の裏側には受験地と氏名を記入します

出願期間の間に**郵便局の窓口**において
簡易書留郵便で郵送します

5月初旬

わー提出期限ギリギリだ!
お願いします

提出は消印有効のため締切ギリギリまで大丈夫ですが、
余裕をもって提出しましょう。

文部科学省から受験票が届きます

6月中旬

届くもの

● 受験票
● 受験科目決定通知書
● 試験会場の案内図（注意事項）

OK!

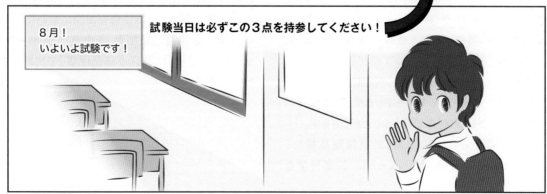

8月!
いよいよ試験です!

試験当日は必ずこの3点を持参してください!

不合格でも大丈夫！
科目履修制度

✔ 通信制高校の「科目履修」を活用

　高卒認定試験を受験して不合格になってしまった場合でも、ある方法によって高認に合格することができます。それは、不合格になった科目を高校の単位として修得することで、受験を免除にするという方法です。この制度は、高校で「必要な科目だけを履修する」という意味で「科目履修」と呼ばれています。科目履修が受けられるのは通信制高校です。高認予備校の中にも通信制高校と提携をして科目履修を受けられるところもあります。実施の有無は各学校や予備校に問い合わせてみましょう。

高校の単位を修得することで受験が免除される（科目履修）
※科目履修できる学校についてはP26へ

高認試験	通信制高校	

不合格科目 ➡

・レポート
・スクーリング
・テスト

単位
修得

➡

高認合格

✔ 半日で単位修得できる科目も

　科目履修では、通信制高校において、①レポート作成、②スクーリング（授業）、③テスト（単位認定試験）、の3つの要件で単位を修得していきます。ほとんどの通信制高校が、学校への登校が必要となる②、③をまとめて行っていますので、科目によっては半日程度で単位修得できるものもあります。多くは、1科目あたり1日から2日程度で終えることができます。

　単位が認定されたら、受講した通信制高校から「単位修得証明書」を発行してもらい、文部科学省に科目免除申請をして高認合格となります。大学受験の出願期限までに単位修得が間に合わない場合は、「単位修得見込証明書」を申請し、文部科学省から受け取る「合格見込成績証明書」で出願することもできます。

①レポート提出	②スクーリング	③テスト
学習の成果を示すレポートを提出します。高校で使用する教科書を使い、指定のレポートを作成します。	通信制高校へ登校し、授業を受けます。授業時間は科目により異なります。1科目で半日から2日程度です。	単位認定のための試験。多くがスクーリングと同じ日に行われます。不合格でも、追試を実施しています。
●1単位あたり3枚程度（1科目6〜9枚） ●指定期限までに通信制高校へ提出	●1科目あたり半日から2日 ●単位認定試験（テスト）の対策授業も行われる	●スクーリングと同日に実施 ●不合格でも追試を実施

✓ 科目履修の「賢い」使い方

　ここまでの説明でわかる通り、科目履修は「ほぼ確実に高認合格ができる制度」です。試験で不合格になっても、その年度のうちに科目履修を受講し科目免除とできるので、特に「年度内には高認合格したい」「翌年には進学したい」という方などにはお勧めの制度と言えるでしょう。

　「不合格になってしまった時の保険」として捉えてもらうのも良いですが、少し違った見方をすると、非常に有効的な手段と言えます。それは、最初から「苦手科目は科目履修を活用する」と決めてしまう方法です。合格できない科目を何度も受験し続けることは、大きな学習の負担や時間的なロスにつながります。本来の目的である「次の進路」へ進んでいくことができません。それなら高認試験は得意科目に絞って受験し、苦手科目は科目履修で補うとしたほうが、安心して次のステップへ進んでいけるかもしれません。

　ここで、「すべて科目履修にしてしまえば、試験を受ける必要がない」と思う人もいるでしょう。しかし、それはできません。科目履修を受けるには、実際の高認試験で1科目以上合格をしていることが条件になります。

科目履修のポイント

単位修得による科目免除で、確実な高認合格が可能	年度内の高認取得、翌年の進学などに間に合う	苦手科目の合格対策として活用できる

※免除に必要な科目、修得単位数はP110の「免除確認表（高等学校）」（A）を確認してください。

科目履修制度 が
活用できる
通信制高校一覧!!

学校名	本校所在地	お問い合わせ先
星槎国際高等学校	北海道札幌市 厚別区もみじ台北5-12-1	0120-723-400
鹿島学園高等学校	茨城県鹿嶋市田野辺141-9	029-846-3212
第一学院高等学校	【高萩本校】 茨城県高萩市赤浜2086-1 【養父本校】 兵庫県養父市大谷13	0120-761-080
翔洋学園高等学校	茨城県日立市大みか町4-1-3	0294-27-1101
わせがく高等学校	千葉県香取郡多古町 飯笹向台252-2	0120-299-323
中央国際高等学校	千葉県夷隅郡 御宿町久保1528	0120-89-0044
東海大学付属望星高等学校	東京都渋谷区富ヶ谷2-10-7	03-3467-8111
科学技術学園高等学校	東京都世田谷区成城1-11-1	03-5494-7711
NHK学園高等学校	東京都国立市 富士見台2-36-2	0120-451-424
鹿島山北高等学校	神奈川県足柄上郡 山北町中川921-87	0465-78-3900

『科目履修制度』を活用できる通信制高校をご紹介します。下記の通信制高校で、一定のレポートやスクーリングをこなし、単位認定試験に合格することで高認受験科目を免除することができます。下記の通信制高校は広域制のため、本校以外にも全国に学習拠点があります。最寄りの高校を見つけて、お問い合わせください。

学校名	本校所在地	お問い合わせ先
日本航空高等学校	山梨県甲斐市宇津谷445	0551-28-0011
松本国際高等学校	長野県松本市村井町南3-6-25	0263-88-0044
キラリ高等学校	静岡県榛原郡 吉田町神戸726-4	0548-33-4976
ECC学園高等学校	滋賀県高島市 今津町椋川512-1	0120-027-144
京都美山高等学校	京都府京都市 上京区元真如堂町358	075-441-3401
向陽台高等学校	大阪府茨木市宿久庄7-20-1	072-643-6681
長尾谷高等学校	大阪府枚方市 長尾元町2-29-27	0120-750-150
八洲学園高等学校	大阪府堺市西区鳳中町8-3-25	072-262-8281
鹿島朝日高等学校	岡山県岡山市 北区御津紙工2590	03-6709-9886
一ツ葉高等学校	熊本県上益城郡 山都町目丸2472	0120-277-128

詳細は各校にお問い合わせください。

知りたい！
「高認対策」

ここからは高認合格に向けて、対策を進めていくステップです。しかし、いざ勉強を始めるとなると、「何から手をつけたらよいかわからない」「わからない問題は誰に聞けばいいの?」「独学だと怠けてしまいそう」などの疑問や不安が出てきます。そんな時にあなたをサポートしてくれるのが『高認予備校』です。

高認予備校にも、それぞれ特徴があります。あなたが「ここなら自分に合う」と思える予備校をご紹介します。また、対策を進める上で知っておくと役立つ情報と令和6年度からの変更に対応した各科目の対策方法もお届けます。

確実に 合格 を目指したいなら…
高認予備校におまかせ!!

Point 1

合格に向けた
カリキュラムが整っている

高認に特化した授業と教材が備わっており、効率的に勉強を進められます。各予備校での学び方もさまざまです。通学して対面授業を受けたり、映像授業で自分のペースで進めたりと、自分のライフスタイルに合わせて選ぶことができます。

Point 2

気軽に先生に
質問できる

高認予備校なら、わからない問題があった時にすぐに先生に頼れます。オンラインで質問できるところもあります!一人ひとりの理解度に合わせて丁寧に解説するだけでなく、勉強方法のアドバイスも一緒に行ってくれます。

Point 3

モチベーションが
維持しやすい

「高認合格」という同じ目標を持った仲間と出会えます。先生も、学習面だけでなく、合格までのスケジュール管理や試験に対する不安解消、合格後の進路相談まで一緒に伴走してくれます。なかには、その後の進路実現までサポートしてくれるところもあります。

24時間ネット学習 J-Web School

学ぶ「場所」「時間」に縛られない!

こんなことを求めている人に 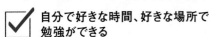 おすすめ!

☑ 自分で好きな時間、好きな場所で勉強ができる

☑ 働きながらでも高認合格を目指せる

☑ 担当サポーターと計画的に勉強を進められる

☑ PCやスマホから分からない問題を質問できる

ネットがあれば場所も時間も自由 ライフスタイルに合う学習を実現

働く時間が不規則な人や日中の活動が忙しい方にオススメなのが、自分の好きな時間に学べるWeb授業。しかし自分一人で気軽に勉強できる分、モチベーションが落ちてしまうとやらなくなってしまうかも…といった不安の声も聞かれます。J-Web Schoolは、受講生一人ひとりに担当サポーターがつき、E-mailなどの定期連絡で講義受講や講義の質問、カウンセリングを行っています。先生たちからの細やかなフォローを受けながら高認合格を目指します。

Q. どう学べる?

いつ **When** ─ 24h

どこで どこでも ─ **Where**

どのように **How** ─ ネット授業

Q. 1日のスケジュールは?

時間	内容	場所
10:00-12:00	Web授業（スマホ）	カフェ
12:00-13:00	通勤	電車
13:00-19:00	Web授業（スマホ）	
19:00-22:00	アルバイト	
22:00- 0:00	帰宅 夕食 Web授業（PC）	自宅

※この時間に限らず、いつでも授業を視聴できます。

お問い合わせ

0120-142-359

受付時間 平日10時〜19時 土日10時〜18時

URL https://j-webschool.net/

学校HPはこちら

学ぶ場所

●〒112-0002 東京都文京区小石川2-3-4
　丸ノ内線・南北線「後楽園駅」徒歩3分

●〒530-0047 大阪府大阪市北区西天満5-1-9
　大和地所南森町ビル4階

合格までのステップ

担当サポーターと合格プランを立てて、確実に高認合格を目指す

入学

確実に合格までしっかりサポート！

「PC」「スマホ」「タブレット」どこからでも学べる

無事合格

卒業証書

秘訣その1

自分の活動に合わせた学習プラン

入学前に生徒の状況をじっくり担当サポーターがヒアリングを行い、自分に合った学習計画を作成します。学習スタート後も担当サポーターが学習状況を伺い、アドバイスします。

秘訣その2

まずは始めの一歩から！スモールステップで合格を目指せる。

J-Web Schoolでは、テキストを通じて、音声と動画によるWeb講義で基礎学力を身につけます。基礎問題で理解度をチェックし、合格点に達したら次のステップに進みます。

Q 自分の実力で合格できるのか不安

A 1＋3Step×3Levelの
10段階学習＆公開模試試験

学習内容は、中学校や小学校高学年の内容を含んだ基礎のものから10段階に分かれており、段階的にステップアップできるように工夫されています。英語や数学など、しばらく勉強から遠ざかっていた人に好評です。また、J-Web Schoolでは自宅受験できる公開模擬試験も実施。試験前に自分の実力や理解度をチェックすることができます。

Q ・一人で学習ペースが保てるか不安
・やる気がだんだんなくなりそう

A 一人ひとりを支える担当サポーター

担当サポーターは、進捗状況に合わせて、状況に応じたアドバイスを行う存在。学習の質問・相談のほか、進路アドバイスから勉強以外の相談も気軽に受け付けています。手段はメールだけでなく、フリーダイヤルやフリーFAXもできるので、都合に合わせて自由に連絡ができます。

J-Web School には、ほかにも

完全合格コース	提携通信制高校の科目履修を併用するため、100%合格できるコース
総合本科コース	学習に不安のある人でも安心。基礎から応用へと段階的に無理なく学習できるコース
科目履修コース	不合格科目があっても大丈夫。通信制高校の科目履修制度を利用し、修得した単位を高卒認定の免除科目として申請可能
通　学コース	自分一人では勉強が進まない、自信がないなど、実際に教室に通い、先生から直接教えてもらえるコースなどがあります。

J-Web School

トライ式高等学院

完全マンツーマン授業

高認から難関大学へ！
「家庭教師のトライ」
から生まれた
サポート校です。

こんなことを求めている人に おすすめ！

 完全マンツーマン授業だから小・中学校の復習から対策可能！

 教育支援カウンセラーによるメンタルケアと進路サポート

 総合型選抜（旧AO入試）や学校推薦型選抜（旧推薦入試）の対策はもちろん、難関大学の受験対策も万全！

高卒認定試験合格から大学進学まで徹底サポート
マンツーマン授業で第一志望合格へ！

完全マンツーマン授業で120万人以上の夢の実現をサポートしてきたトライ。そこで培われたノウハウを活かし、お子さまに最適な夢や目標を見つけ、一人ひとりに合わせた無理のないカリキュラムを設定します。高卒認定試験合格はもちろんのこと、その先の進路まで見据えてサポート。大学受験対策や就職に向けたキャリア教育も充実しています。職員が「教育支援カウンセラー」資格を所有しているので、学習面だけでなく進路や日常生活の悩みなども気軽に相談できる良き理解者として、お子さま一人ひとりに寄り添い目標達成に向けてサポートしていきます。

Q. どう学べる？

 When いつ　9:00～16:00

キャンパスor自宅orオンライン **Where** どこで

 How どのように　完全マンツーマン授業

Q. 1日のスケジュールは？

時間	内容	
7:00	起床	
9:00-10:30	マンツーマン授業（大学受験対策）	
10:30-12:00	オンライン授業（推薦入試対策グループワーク）	
12:00	ランチタイム	キャンパス
13:00-14:30	マンツーマン授業（英検対策）マンツーマン授業（難関大対策）その他苦手科目対策	
14:30-16:00	オンライン授業（プログラミングコース）	
16:00	授業終了	
17:00	帰宅	
21:00	映像授業「Try IT」で復習	
23:00	就寝	

ⓘ お問い合わせ

📞 **0120-919-439**

受付時間 9:00〜22:00
（土日・祝日も受け付けております）

✉ try-gakuin-info@trygroup.com

学校HPはこちら

🏛 **学ぶ場所**
- ●東京本部・飯田橋キャンパス
  JR・東京メトロ・都営各線「飯田橋駅」から徒歩5分
- ●名古屋本部・千種キャンパス
  地下鉄「千種駅」4番出口から徒歩5分
- ●大阪本部・天王寺キャンパス
  JR・大阪メトロ各線「天王寺駅」から徒歩5分

他、札幌、仙台、広島、福岡等、全国に123ヶ所のキャンパスがあります。

トライ式高等学院は通信制高校・サポート校の中で 大学進学率 No.1[*]

生徒一人ひとりの進路に合わせて、受験のプロがマンツーマンで指導。
さらに人×デジタルで学習効率を最大化させているので、
高い大学進学率を実現しています。

※大学進学率とは、進路決定者のうち大学・短大・専門職大学に合格したものにおいて。在籍生徒数3,500名以上の通信制高校・サポート校において進学率全国1位。
2023/3/23 産経メディックス調べ。トライ式高等学院は通信制高校サポート校です。

トライ式「高認コース」の **特長**

- ●連携先の通信制高校の単位修得をサポート！ 高認試験の免除にも対応
- ●完全マンツーマンの個別授業で、志望校に特化した大学受験対策が可能
- ●東大・京大や医学部、海外の大学など難関大学受験対策も万全
- ●「オンライン型」のサポートも充実！ 初めて学習する単元でも理解できる
  映像授業「Try IT」で復習もはかどります
- ●将来の自己実現に向けたキャリア教育も充実
- ●自由参加の部活動や修学旅行などの学校行事で、充実した学校生活

ライフスタイルに合わせて選べる
「通学型（週1〜5日）」or「在宅型」

もっとトライ式がわかる！ **Q&A**

Q 高認対策から大学受験合格まで
どのようにサポートしてくれるのでしょうか？

A 一人ひとりに合わせたカリキュラムを作成し、完全マンツーマンで授業を行います。「高卒認定」コースと「高卒認定・大学受験」コースがあります（途中変更可）。最新のAI技術を駆使した学習サポートもあり、苦手単元を10分で分析する「AI学習診断」や、合格に必要な問題をAIが50題厳選する「入試問題的中AI」、自宅学習の質を高める無料の映像授業「Try IT」など、学力を上げるためのサポートをご用意しています。中学校・高校の復習から高卒認定試験合格までのカリキュラムを終えた方はキャンパス長と進路面談をし、第一志望校を決めます。高卒認定試験に合格して終わりではなく、その先の進路を決めて導いていくのがトライ式高等学院の特徴です。

教育支援カウンセラー（資格所有）が
将来や進路の相談に乗ります！

Q 予備校とトライ式高等学院の違いは何ですか？

A 一般的な予備校では勉強と自習を行うだけで、友人とともにキャンパスライフを楽しむことは難しいです。トライでは高卒認定試験の合格に向けた勉強と大学受験の勉強をしながら、キャンパスイベントやグループワークにも参加できます。また、様々なジャンルの行事やイベントに出席することで総合型選抜や学校推薦型選抜を有利に進められるケースもあります。このように、他の塾や予備校に通わなくてもトライだけで大学受験対策できるのが強みです。

最新のAI技術を駆使した
学習サポート

2024年度入試 合格実績

大学進学率 69.4%

※大学進学率とは、進路決定者のうち大学・短大・専門職大学に合格したものにおいて。在籍生徒数3,500名以上の通信制高校・サポート校において進学率全国1位。2023/3/23 産経メディックス調べ。トライ式高等学院は通信制高校サポート校です。

- ▶ 難関国公立・私立大はじめ**2,657**名が大学合格
- ▶ 東大京大ほか国公立：**120**名
- ▶ 早稲田・慶應・上智・東京理科：**42**名
- ▶ GMARCH・関関同立：**264**名

トライ式高等学院

文科省「地域における学びを通じたステップアップ支援促進事業」の一環

愛知県独自の「若者・外国人未来応援事業」とは?

　文部科学省の「地域における学びを通じたステップアップ支援促進事業」の一環で、愛知県が実施している「若者・外国人未来応援事業」があります。愛知県では、「若者・外国人未来塾」を実施している会場で、高卒認定試験(以下、高認)合格等に向けた学習支援を無料で受けられます。また、外国にルーツのある方に向けた日本語学習支援にも取り組んでいます。今回は、愛知県の取組について、担当者の方々にお話を伺いました。

解説

「地域における学びを通じたステップアップ支援促進事業」って何?

　文部科学省が、地方公共団体等と協力し、高校中退者等を対象に、無料で学習相談・学習支援を提供している事業です。高認合格を目指しながら、高校卒業程度の学力を身につけ、進学や就職といった次のステップに進めるよう支援します。

　2017年度から開始し、2023年度現在、全国で6つの自治体(北海道札幌市、群馬県、愛知県、京都府、高知県、大分県)が取組を実施しています。いずれの自治体も、教育委員会と厚生労働省が委託している地域若者サポートステーション、ハローワーク、その他関連行政機関や民間団体等と連携し、高認合格後、切れ目なく、進学・就職など社会的自立につなげていけるよう実施体制を整えています。

愛知県内9地域で実施
学習支援と日本語学習支援を両輪で

　全国で取組を実施している自治体の中で、愛知県は、文部科学省が本事業を始めた当初から独自の事業を展開しています。「若者・外国人未来応援事業」と呼び、相談・学習支援を行う「若者・外国人未来塾」と、支援機関とのネットワーク化を図る「若者未来応援協議会」の2つを柱に行っています。

　「若者・外国人未来塾(以下、未来塾)」では、高認合格等に向けた相談・学習支援のほか、外国人等に向けた学習言語としての日本語学習支援を行っています。愛知県内には、これらの支援の対象となる、不登校の児童生徒や中学校卒業後の進路未決定者、高校等の中退者のほか、日本語指導が必要な外国籍の児童生徒が多いことから、国の事業に手を挙げました。

　高認合格に向けた相談・学習支援は、名古屋、豊橋、豊田の3地域で取組が始まり、2022年度には、当初から目標としていた9地域まで拡大。日本語学習支援は、名古屋から開始し、2023年度には6地域で開催しています(※①)。開催地域を増やす上での工夫として、愛知県教

育委員会あいちの学び推進課の担当者は、「学習をきっかけに未来塾とつながり、高認合格後や日本語習得後に次のステップへの支援に切れ目ができないよう、学習支援から就職支援まで同じ場所、もしくは同じ地域内で近いところで一貫してサポートできるように会場を設置していきました」と述べます。今後は、各会場で、日本語学習支援の提供ができることを目指していく予定です。

個々の状況・目的に合わせて柔軟に対応

　各会場での学習は、利用者それぞれ、学んできた過程や理解度が違うため、利用者の一人ひとりに合わせて、スタッフが個別に教えていきます。小・中学校の基礎から少しずつ理解を積み上げていく方も多いです。日本語学習支援においては、まずは日本語の技能を高めることに集中し、就職時に日本の学歴が必要な場合に備えて、高認に合格できるようにサポートしていきます。

　教科書や問題集などの教材が揃っており、利用者は無料で自由に使用できます。スタッフには、元教員や学習塾等での指導経験者、日本語支援・通訳ができるスタッフの

ほか、大学生や地域のボランティアの方々がいます。スタッフの中には、過去に未来塾を利用し、高認合格を経て、大学に進み、今は支援する側になっている人もいます。

担当者は、「未来塾は学習支援が主ですが、利用者さんの人生をサポートする相談も行っています。初めて来られた方には、未来塾にこられた経緯や目的などを伺います。いきなり高認合格を目指すのはなかなか難しい現状があります。未来塾に通う中で、人と話せるようになったり、問題が解けるようになったり、日本語が理解できるようになったりして少しずつ自信をつけて、ゆくゆく社会的自立につながっていければと思います」と語ります。

学びを必要とする多様な人の居場所

取組を7年続けてきた中で、未来塾は、高認合格や学習言語としての日本語習得を目指す人だけでなく、いろんな人の居場所となってきています。小・中学校で不登校の子どもたち、学校の宿題をしにくる外国籍の子どもたち、通信制高校に在籍し、レポート学習で利用している高校生、高校卒業後に就職に役立てるための資格・検定などの取得を目指す方など、幅広い年齢の方がそれぞれの目的で利用しています。

年々、未来塾の利用者は増え、高認受験者数においても、全国の高認受験者数が減る中で、未来塾では増えています（※②・③）。未来塾のもう一つの柱である「若者未来応援協議会」で連携する関連団体からの紹介や、日本語支援については母国のコミュニティの口コミで、未来塾を知ってくる利用者が多いそう。担当者は、「支援を必要としている人に情報が届くよう、もっと多くの人に知ってもらいたいです」と言います。

①2023年度「若者・外国人未来塾」の実施概要

地域	会場	実施日		運営団体
		高認合格等に向けた学習支援・相談	日本語学習支援	
名古屋	愛知県図書館	水曜日 17:30～19:30	土曜日 15:00～17:00	NPO法人あいち・子どもNPOセンター
		土曜日 15:00～17:00		
豊橋	豊橋市青少年センター	火曜日・金曜日 18:00～20:00	木曜日 18:00～20:00	NPO法人いまから
豊田	豊田市青少年センター	水曜日・金曜日 18:00～21:00 第1・第3土曜日 13:30～16:30	水曜日・金曜日 18:00～21:00のうち1時間	公益財団法人豊田市文化振興財団
半田	ちた地域 若者サポートステーション	水曜日 15:00～17:00（第4水曜日は休館のため翌日等に実施） 土曜日 13:00～17:00 ※実施曜日が変更となる場合がありますので、詳しくは委託団体にお問い合わせください。		NPO法人ICDS
春日井	春日井若者サポートステーション	月曜日 17:00～20:00 木曜日 18:00～20:00	月曜日 17:00～20:00	労働者協同組合 ワーカーズコープ・センター事業団
一宮	一宮市立中央図書館	火曜日 17:30～19:30 土曜日 16:00～18:00		NPO法人あいち・子どもNPOセンター
蒲郡	がまごおり 若者サポートステーション	水曜日 13:00～17:00 木曜日 15:00～17:00 土曜日 13:00～17:00	土曜日 13:00～17:00	NPO法人 青少年自立援助センター北斗寮
	＜とよかわサテライト＞	水曜日 13:00～17:00 金曜日 15:00～17:00		
愛西	愛西市文化会館	火曜日 18:00～20:00 金曜日 18:00～20:00		労働者協同組合 ワーカーズコープ・センター事業団
知立	刈谷市城町図書館 ※日本語学習支援会場はぷらっとホーム事務所	水曜日 16:00～18:00 金曜日 16:00～18:00	水曜日 13:30～15:30 金曜日 13:30～15:30	NPO法人ぷらっとほーむ

※日本語学習支援に実施日が記載していない団体でも、支援を行っている場合があります。

②各学習支援に参加した実人数

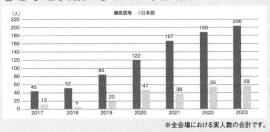

※全会場における実人数の合計です。

③高卒認定試験の実績

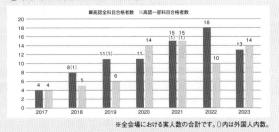

※全会場における実人数の合計です。（）内は外国人内数。

● 愛知県「若者・外国人未来応援事業」に関する情報・問い合わせ先 ●

愛知県教育委員会あいちの学び推進課 家庭教育・地域連携支援グループ
電話：052-954-6780　メール：aichi-manabi@pref.aichi.lg.jp

知っ 得

ひとり親家庭の学び直し支援

学習塾、予備校の受講費に給付金

高卒認定試験を受験する「ひとり親家庭」の親と子どもを対象に、高認予備校などを利用する際の受講費用の一部を給付金として支給する制度があります。家庭の自立や生活の安定を図れるよう、「より良い条件での就業や転職を支援すること」が目的です。対象となる講座は、高認予備校の講座だけでなく、通信制高校が行う公開講座や科目履修等も含まれます。

こども家庭庁
「高等学校卒業程度認定試験合格支援事業」

対象者	ひとり親家庭の親及び児童であって、次の要件（※）の全てを満たす者。ただし、高校卒業者など大学入学資格を取得している者は対象としない。 ※ひとり親家庭の親が児童扶養手当の支給を受けている又は同等の所得水準にあること。（ただし、児童扶養手当法施行令（昭和36年政令第405号）第6条の7の規定は適用しない。） ※就業経験、技能、資格の取得状況や労働市場などから判断して高等学校卒業程度認定試験に合格することが適職に就くために必要と認められること。
対象講座	高等学校卒業程度認定試験の合格を目指す講座（通信制講座を含む。）とし、実施主体が適当と認めたもの。ただし、高等学校卒業程度認定試験の試験科目の免除を受けるために高等学校に在籍して単位を修得する講座を受け、高等学校等就学支援金制度の支給対象となる場合は、本事業の対象としない。

【通信制の場合】

支給される時期	支給される金額
①受講開始時給付金	受講費用の最大4割（上限10万円）
②受講修了時給付金	受講費用の最大5割（①と合わせて上限12万5千円）
③合格時給付金	受講費用の1割（①②と合わせて上限15万円）

最大で全受講費用の上限15万円まで支給

【通学または通学+通信制併用の場合】

支給される時期	支給される金額
①受講開始時給付金	受講費用の最大4割（上限20万円）
②受講修了時給付金	受講費用の最大5割（①と合わせて上限25万円）
③合格時給付金	受講費用の1割（①②と合わせて上限30万円）

最大で全受講費用の上限30万円まで支給

◀「親」「子ども」も対象です！▶

支給までの流れ

STEP1 事前相談
相談→自治体

居住する自治体で受給要件、試験までのスケジュール、学習の進め方、就労支援、その他利用できる助成制度などのアドバイスを受ける

STEP2 対象講座決定
（講座指定申請→自治体）

受講したい予備校や講座（通信制高校の公開講座や科目履修等も含む）を決めたら、自治体に講座指定申請を行い、受給要件の審査、講座指定の可否の決定（通知）を受けます。

STEP3 受講開始
（支給申請書→自治体）

受講費用の4割を支給！

講座の受講がスタートしたら、「受講開始日から30日以内」に、必要書類を自治体に提出し、支給申請を行います。

STEP4 受講修了
（支給申請書→自治体）

受講費用の5割を支給！

講座の受講が修了したら、「講座修了日から30日以内」に、必要書類を自治体に提出し、支給申請を行います。

STEP5 高認合格
（支給申請書→自治体）

受講費用の1割を支給！

高卒認定試験に合格したら、「合格証書に記載されている日から40日以内」に、必要書類を自治体に提出し、支給申請を行います。

※事業の実施状況は各自治体によって異なります。必ずお住まいの自治体にお問い合わせください。お住まいの市区町村で支援が受けられない場合は、都道府県にお問い合わせください。さらに詳しい情報についてはこども家庭庁（代表03-6771-8030）にお問い合わせください。

高認予備校の学費（総額）の平均
※2016年度の数値を基に算出（学びリンク調べ）

全8科目受講の場合 ………… **460,827円**
（主要5校9コースの平均） （約2万円〜約98万円）

3科目受講の場合 ………… **174,547円**
（主要3校6コースの平均） （約5万円〜約51万円）

1科目受講の場合 ………… **85,487円**
（主要3校6コースの平均） （約1万7千円〜約30万円）

※コースは、教材を用いて自主的に学習を進めていくタイプや講師からのていねいな指導が受けられるタイプなどさまざまです。ていねいなサポートや学習効果を高めるために予備校独自に練られた授業、また併設コースの利用などによって学費は上がります。

高認合格者も支援対象です！

大学や専門学校へ進学修学支援制度

経済的理由により大学や専門学校などへの進学が難しい人を支援するための支援制度があります。高認合格者も支援対象です。授業料・入学金を免除または減額する「授業料等減免」と返済不要の「給付型奨学金」の2つで学生を支援しています。世帯収入や資産の要件を満たし、進学先で学ぶ意欲がある学生が対象です。高認合格者は合格後2年以内までが申込対象で、独立行政法人日本学生支援機構（JASSO）へ直接申込みます。

【日本学生支援機構（JASSO）】https://www.jasso.go.jp/index.html
【文部科学省特設サイト】https://www.mext.go.jp/kyufu/index.htm

ちょっと耳より

近年、公的機関や民間団体のほか、大学や専門学校が独自に行う奨学金制度など、学ぶ人を応援する支援が広まってきています。それぞれの要件によって併用できるものもあります。こうした情報もチェックすると将来への展望が開ける鍵になるかもしれません。ぜひ学校選びや進路選択の参考にしてください。

奨学金に関する情報・相談・問い合わせ

●国の奨学金事業を担う機関
独立行政法人日本学生支援機構（JASSO）
https://www.jasso.go.jp/

●奨学金事業を実施する団体や制度のしくみについて多数紹介
奨学金なるほど相談所　https://shogakukin.jp
奨学金.Net　https://xn--kus49bd41h.net/

高認界のカリスマが伝授！

新科目など最新事情と試験対策とは！？

"読むだけでわかる" でお馴染みの参考書『しまりすの親方式 高認学習室』シリーズの著者である「しまりすの親方」こと都司嘉宣さん。今年の試験は社会の試験科目と出題範囲に大幅な変更があり、受験者にとっては対策が難しい判断になっています。長年、高認研究を続けてきた都司先生に、新科目も含めた今年の受験対策、勉強法を教えてもらいました。

しまりすの親方
都司 嘉宣さん

社会の新科目 落ち着いて情報を整理しよう！

今年の高認の目玉は、なんといっても社会の試験科目、合格要件が変わったことですね。これまで選択式だった地理、日本史、現代社会、倫理、政治・経済という科目がなくなり、さらに各科目のA・Bという選択式もなくなりました。

世界史、日本史は「歴史」という科目に統一され、現代社会、倫理、政治・経済は「公共」という科目で統一されています。いずれも、各分野の基本的な内容をバランスよく学んでいく意図が現れていますが、受験者にとっては、「範囲が広がった！」と不安になっている人も多いはず。しかし、決して内容が膨大に増えるわけではありませんので、ひとまず情報を整理し、落ち着いて勉強を進めてもらえればと思います。

たとえば、理科では2014年に「科学と人間生活」という新科目がスタートしました。結果的に、こ

の科目は生活に関する身近なことを取り上げ、総合的に理科の知識を問う内容となっており、非常に合格を取りやすい科目となりました。

とはいえ、新科目の最大の難点は「過去問が存在しないこと」ですね。どんな問題が出題されるのか、始まってみないことにはわかりません。どんなふうに勉強を進めていけばいいのか、みなさんも迷われるかと思います。

一つおすすめなのは、高校の教科書を一読しておくことです。高認試験は難関大学の試験と違い、教科書に書かれた基本的な内容を問うものになっています。なによりマークシートですから、事細かく単語や年号などを暗記する必要はありません。ざっと読書のように読み進め、大雑把に出来事の流れや内容を把握しておくようにしましょう。ちなみに、地理の教科書は「地理総合」、歴史は「歴史総合」、公共は「公共」というタイトルが該当する教科書になります。また、一部の参考書では、新科目に対応した問題集も出ていま

44

す。こうした参考書を活用して理解度を上げていくのも一つの手です。

そのうえで、ここでは、私から各科目の対策と勉強法をアドバイスしていきたいと思います。

地理では図法を用いた 理論的な内容も

地理は、これまでAの範囲が狭く、基本的な知識を問うものでした。新科目ではBの範囲も含まれるので、図法を用いた理論的な内容を問う問題も出題されるでしょう。教科書の「地理総合」を見る限りでも、やはりこれまでの地理Bで求められていた内容が掲載されています。

ただ、勉強法としては、これまでの過去問は十分に使えそうです。解答を見ながら進めていくだけでも十分ですので、地理A、地理Bの過去問を見ておくと良いでしょう。ざっと過去問を読み進めながら、出題傾向や解答を感覚的に身につけておくことが有効です。

また、高認地理は原則として具体的な地名を問われることはありません。ですから、ムキになって暗記するような勉強法はやめておきましょう。範囲も広すぎるためキリがありません。

歴史は18世紀以降の近現代史 大まかな事柄と年号を把握しておく

歴史は、高校の「歴史総合」という科目に該当します。この科目は、日本史と世界史を融合し、特に18世紀以降の近現代史を学ぶ内容となっています。新科目の狙いとしては、国と国とのつながりや、日本の歴史においても世界情勢の影響を受けていることを理解すること。

歴史科目には固有名詞がたくさん出てきますが、これも事細かに暗記していたらキリがありません。ざっと内容を把握していく勉強法が有効ですが、大まかに事柄と起こった年号を覚えておく必要があります。

なぜかというと、様々な歴史的事件の順序を問われる問題があるからです。たとえば、清の時代に起きたこと、ヨーロッパで起きたこと、これらがごちゃ混ぜに並び、正しい順序を問う問題です。具体的に19〇〇年という年号を覚える必要はないのですが、ただある程度の時期を把握しておかないと答えられない問題が出されます。

しかしながら、すべてを把握しようとすると範囲は膨大ですから、ポイントを絞る必要がありますね。今回の新科目は18世紀以降の近現代史が

旧試験	新試験	しまりすポイント	該当する高校教科書
地理A	地理	旧試験（B）の範囲（図法を用いた問題など）が出るでしょう。A・Bそれぞれの過去問を勉強しておくと良いです！	『地理総合』
地理B			
世界史A	歴史	18世紀以降の近現代史が範囲。日本史と世界史を融合させた科目で、日本史の分野は世界情勢に影響を受けた事柄などが問われるかも。年号を暗記をする必要はないが、ある程度の時期を把握しておくべき。過去問は「世界史A」を中心に勉強しよう！	『歴史総合』
世界史B			
日本史A			
日本史B			
現代社会	公共	最低限の得点を目指すなら「現代社会」の範囲を勉強しておきましょう。余裕があれば「政治・経済」も。「倫理」の範囲はよほど興味がない限りは手を付けない。	『公共』
倫理			
政治・経済			

範囲ですが、地域別に言えば「中国」「ロシア(ソ連)」「インド」の内容は押さえておくと良いでしょう。また、近現代史でポイントになるのはイギリスの産業革命とそれ以降の世界の情勢です。もし余裕があれば、イギリス、またアメリカの歴史も押さえておくと良いでしょう。

過去問を活用するのであれば世界史Aを勉強しておくことをおすすめします。また、「歴史総合」の教科書を読んでおくのは安心かもしれません。

公共は、現代社会、政治・経済分野をおさえておく

公共は、教科書を見る限り、やたらと細かい内容となっています。経済分野に関しては大学で習うような内容も含まれていますね。事細かく勉強したらとても大変な印象を受けます。

ただ、これまでの科目で言えば、現代社会と政治・経済の分野が中心になっていくだろうと予想されます。ポイントになるのは「国のしくみ」「裁判のしくみ」「経済のしくみ」を抑えておくことです。

「国のしくみ」でいえば、国の権力が立法権・行政権・司法権の3つに分けられる三権分立。「裁判のしくみ」は裁判の結果が不服の場合に、上告によって上級の裁判所で再度判断を受けることができ、合計3回の裁判が受けられる三審制。経済については、金利や株価といった金融に関する知識ですね。

なお、倫理分野については、よほど興味がある人でない限り、無理に勉強する必要はありません。覚えることが多いうえに、問題数も少ないと思います。余裕があるのなら教科書をざっと読んで、人名やその人物のエピソードをなんとなく頭に入れておくだけで良いでしょう。過去問を解く場合は、現代社会を重視したほうが良いです。

理科の科目選択は暗記の得意不得意で考えよう

さて、理系5科目、英数国3科目については、試験科目や範囲に変更はありませんので、これまでの過去問も十分に活用できるでしょう。

理科科目ですが、「科学と人間生活」は、生活に身近な常識として知っておくべき理科分野の内容が浅く問われる科目です。選択科目ではありますが、実質的には必須の科目と言っても間違いありません。

この科目では、化学分野の内容は深いところまで聞かれやすい傾向があります。地学分野は、地震や地球のプレート運動などの内容が出てくる傾向ですね。この科目も過去問を使って、答えを見ながら勉強しておくのが良いでしょう。

「科学と人間生活」を選択した場合は、残りの「物理基礎」「化学基礎」「生物基礎」「地学基礎」の4科目から1科目を選択することになります。これはみなさんの得意不得意で選んでいく形が良いのですが、たとえば「暗記が苦手で、論理的な思考(数学的能力)が強い人」には「物理基礎」をおすすめします。暗記しなければいけない内容が少なく、思考力で問題を解いていける内容だからです。

一方、「暗記がそこまで苦痛でない人、得意な人」には「化学基礎」がおすすめです。たとえば「同じ元素からなる単体で性質の異なる物質どうしを互いに(同素体)という。炭素、酸素、硫黄には(同素体)が存在する。この3種類の元素はすべて(非金属)元素に属し…」などと、知識を問う問題が多いからです。

「生物基礎」は大検時代からの難問ですね。覚えることも多く、難易度が高い。よほど生物好きでない限り、無理に選択する必要はないでしょう。

「地学基礎」をあまりおすすめしないのは、もし、その後、大学受験を目指した場合、あまり大学の試験科目で使われないからです。これも、よほど地学の研究やその分野に進む人でない限りは選択しなくても良いと思います。

英数国は過去問を中心に 解答を見ながら感覚をつかもう

最後に、英数国の主要3科目です。数学は、ほぼ毎年、出題傾向が変わりません。ただ、他の科目との大きな違いは、マークシート形式と言えども、ざっくりとした理解や、でたらめマークによる「まぐれ当たり」を期待できないところです。大部分の問題が正解となる数値をマークするため、公式をはじめ基礎を抑えておく必要があります。

もし、まだ勉強が追い付いていない人がいたら、高認学習を始める前に、小学校段階や中学校段階からの学び直しをしておくことが大切です。そのうえで、過去問を活用して学習を進めていきましょう。

国語は、数年前の試験から古文・漢文の割合が減り、現代文に比重が置かれるようになりました。とりわけ、古文の単語を覚えようとする勉強法は、高認国語では極めて得点能率の悪い勉強法と言えます。古文で一つ一つ単語を覚えようとしたら、その数は300を超えるでしょう。高認国語に関しては、現代文を中心に過去問を使って解答を見ながら感覚をつかんでみてください。特に現代文は「長い本文はあとで読め」という鉄則があります。本文を読む前に、先に問題文を読み、何が聞かれるかを事前に把握したうえで本文を読み進めていく。過去問学習を通して解き方の練習をしておくのが大切です。

高認英語は、およそ英検3級程度と言われていますが、高校1年生の範囲までをしっかり押さえていれば合格ラインには届くでしょう。しかし、その後、大学受験を目指すのであれば、この高認学習を通して深く勉強しておくのも効率的です。英検で言えば準2級以上を持っていると、いくつかの大学で受験免除になるケースがあり、2級以上になるとさらにその選択肢も広がります。

過去問を使う時は解答を見ながらでも良いので、文章を繰り返し読んでいくのが良いです。何度か読んでいくうちに、単語や文章のつながりが理解できるようになるでしょう。

す。例えば、早稲田大学の文系学部でも数学で受験できるところがありますが、出題レベルを見ていると、おおよそ数学ⅠAの範囲、センター試験レベルとそう変わりません。高認学習でも十分勝負していける範囲です。実際に数学ができると、文系学部であっても大学入学後、非常に学習が楽になります。

　高認はその先のステップを進めていくための試験ですが、この期間の学習は、その後の人生においても決して無駄になることはありません。ぜひ、先を見据えながら、勉強に取り組んでいってください。

高認は「暗記」に頼らず、大まかに理解する 先を見据えた勉強も大切

　高認は多くの科目で「暗記」に頼らない勉強法をおすすめします。とくに固有名詞がたくさん出てくるような科目であっても、一つ一つ細かく覚えようとしなくて大丈夫です。いずれも大雑把でいいんだという意識で、全体の流れやしくみを把握できるようにしておきましょう。

　社会は新科目になりますが、過去問も決して無駄にはなりません。極端に出題傾向が変わることはありませんから、高認試験がどういうものなのか? という点を肌感覚で理解するためにも、過去問に触れておくのが良いでしょう。

　高認を通して、先につながるような勉強をしておくことも大切です。特に数学は意外と重要で

Profile

しまりすの親方
都司 嘉宣 （つじ・よしのぶ）

地震学者。理学博士。長年にわたり地震・津波の研究を続け、東京大学地震研究所准教授として27年間勤務。2012年に退職。現在、自ら設立した「合同会社地震津波防災戦略研究所」（茨城県龍ケ崎市）で所長を務める。旧大検時代にインターネット上で全科目の傾向・対策を公表し閲覧者の間で話題が沸騰。2010年に「しまりすの親方」として、「高認全科目自習室」を学びリンクより出版。以後、これまで8シリーズを発行している。また、現在は学習塾などで大学受験指導なども行う。

しまりすの親方式　高認学習室		
主要3科目	理科5科目	社会4科目

税込 2,420 円	税込 2,860 円	税込 2,640 円

高認合格後の 進路

進学

高認から大学進学をするためには、一般選抜のほか総合型選抜や社会人選抜などでの入学も可能です。国公立大学や難関私立大学への合格実績もあり、時間を有効活用できるというメリットを使うことで大学受験を有利に進めている人もいます。

就職

高認に合格すれば「高校卒業」を条件とする求人への応募が可能です。また高校卒業が条件となっている国家公務員採用一般職試験などの採用試験でも受験資格が得られます。

資格

国家資格をはじめとする試験資格も、高認合格で受験が可能になります。「専門知識を得て安定した仕事に就きたい」「会社の中で昇進やレベルアップを図りたい」など、スキルアップの足掛かりにできます。

高認からの大学進学実績

無駄を省き、受験のためだけの時間を得る!

高認の価値＝メリット を再確認しよう!

　高認には高校では実現できない多くの価値＝メリットがあります。なにより大きなメリットは最短1年で高卒と同等の資格を得られること。高卒資格を得るには最低3年以上の高校在籍が必要です。しかし、大学受験をする人にとっては、高認であるか高卒であるかは受験資格に影響しません。先の目的（進路）が決まっているのなら、無理に3年かけて高卒資格を得る必要はない、という考え方もできますね。

　多くの受験生は高校に3年間通いながら大学受験に臨みます。その3年間の中には、正直、自分の進路とは関係のない授業や時間も含まれているのではないでしょうか。受験予備校を利用するにしても、通えるのは放課後や休日など限られた時間だけ。

　しかし、高認は極端な話、中学卒業後、最初の試験で全科目を合格してしまえば、16歳の8月には大学受験資格を得ることになるのです。すると、その後の約2年半という膨大な時間を「大学受験のためだけ」に費やすことができるのです。大前提として、高認には大きな価値＝メリットがあることを知っておきましょう。

高認の受験経験が大学受験に活かされる!

　そんな中、大学入試では、多くの高認出身者が高い合格実績を残しています。実際の入学後の様子についても、大学関係者からは「他の学生と比べて高認出身者は実力がある」という声も聞かれるほどです。

　また、高認試験は学校のテストとは違う立派な国家試験です。この受験経験がその後の大学受験において大きな自信につながるようです。推薦入試でも、多くの大学が高認生を受け入れています。高認は「頑張った成果」として、十分なアピール材料となっているのです。

難関大学に高い合格実績

　大学通信が行った調査では、2023年度大学入試で最も多かった高認出身者の合格大学は近畿大学の229名でした。近畿大学は志願者数10年連続1位を誇る人気大学。こうした大学においても、高認生はしっかりとした結果を残しています。

　また、最難関大学である東京大学の合格実績は12名でした。東京大学は8名だった前年度から4名増えています。そのほかの主な難関大学では、立命館大学で136名、明治大学89名、中央大学75名、慶應義塾大学71名という合格実績が出ています。立命館大学では前年度より9名、慶応義塾大学では30名の増加となりました。一方、国公立大学でも着実な実績を残しています。先述した東京大学12名のほか、広島大学10名、千葉大学5名、横浜市立大学5名という実績が出ています。

「高認高校」は優秀な学校!?

　文部科学省が2011年に行った調査（※）では、高認合格者のうち24.9%がその後大学へ進学したことがわかっています。その後、同様の調査は行われていませんが、高認合格者の年齢層は6割から7割を16歳〜20歳で占めており、「大学全入時代」の状況など、近年の大学入試状況を加味すると、この割合は高くなっていると予想されます。

　この状況から改めて高認合格者の大学合格実績を見ると、その状況がいかに優秀な成績であるかがわかってきます。

　たとえば2022年度の高認合格者は7,961名でした。仮に現在も24.9%の合格者が大学へ進学しているとすると、2022年度合格者のうち約1,982名が大学へ進学したと仮定できます。

　この結果から、この1,982名を一つにまとめて、生徒全員が大学進学を果たす一つの学校（たとえば「高認高校」）に例えてみると、この学校は生徒100名あたり6.9人が立命館大学に、4.5人が明治大学に、3.6人が慶應義塾大学に合格していることになります。

　もし、このような学校が本当に存在したら、その地域の中でも十分優秀な学校と呼べるのではないでしょうか。

　もちろん、複数の大学に合格した受験者の存在もあるため、正確な指標とは呼べませんが、高認生が確かな実力を持ち、決して他の受験生に負けない、高いレベルで大学進学を果たしている実績が見えてくるはずです。

2023年度入試の合格者数(上位)

■国公立　　　　　　　　　　　■私立

東京大学
（12名）

近畿大学
（229名）

2	広島大学(10名)
3	大阪公立大学(8名)
4	東京都立大学(6名)
5	千葉大学 富山大学 横浜市立大学(同5名)

2	龍谷大学(179名)
3	立命館大学(136名)
4	桜美林大学(105名)
5	法政大学(104名)

（大学通信調べ）

高認を一つにまとめると 優秀な学校 になる

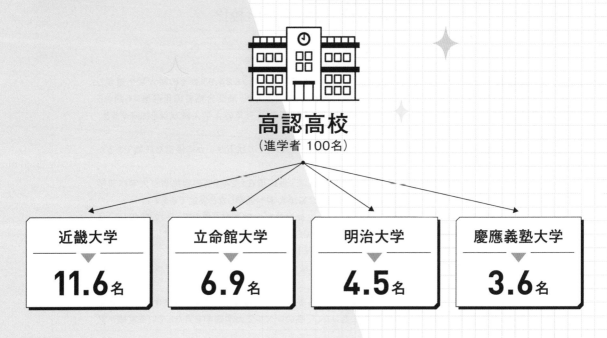

高認高校
(進学者 100名)

近畿大学	立命館大学	明治大学	慶應義塾大学
11.6名	**6.9**名	**4.5**名	**3.6**名

■ 主な大学の「高認出身者」合格状況 (2023年度入学者選抜)　「大学通信」調べ

(国公私) 大学名	合格者数	(国公私) 大学名	合格者数	(国公私) 大学名	合格者数
(私) 近畿大学	229	(私) 中央大学	75	(私) 帝京大学	41
(私) 龍谷大学	179	(私) 慶應義塾大学	71	(私) 大正大学	40
(私) 立命館大学	136	(私) 大東文化大学	71	(私) 東京理科大学	40
(私) 桜美林大学	105	(私) 専修大学	67	(私) 国士舘大学	38
(私) 法政大学	104	(私) 大阪産業大学	66	(私) 麗澤大学	37
(私) 京都産業大学	103	(私) 帝京平成大学	58	(私) 明星大学	37
(私) 東洋大学	97	(私) 岡山理科大学	54	(私) 駒澤大学	36
(私) 東海大学	95	(私) 獨協大学	49	(私) 文教大学	36
(私) 明治大学	89	(私) 摂南大学	49	(私) 愛知学院大学	36
(私) 関東学院大学	88	(私) 桃山学院大学	48	(私) 立正大学	35
(私) 同志社大学	78	(私) 武蔵野大学	47	(私) 阪南大学	35
(私) 関西学院大学	77	(私) 追手門学院大学	45	(私) 愛知大学	34

(国公私)大学名	合格者数	(国公私)大学名	合格者数	(国公私)大学名	合格者数
(私)京都橘大学	34	(私)東京都市大学	23	(私)京都外国語大学	13
(私)成蹊大学	32	(私)名古屋学院大学	22	(私)熊本学園大学	13
(私)京都女子大学	32	(私)神戸学院大学	22	(国)東京大学	12
(私)甲南大学	32	(私)札幌大学	20	(私)広島経済大学	12
(私)広島修道大学	30	(私)北海道医療大学	20	(私)九州産業大学	12
(私)東北福祉大学	29	(私)城西大学	20	(私)城西国際大学	11
(私)武蔵野美術大学	29	(私)昭和女子大学	19	(私)高千穂大学	11
(私)金沢工業大学	29	(私)福井工業大学	19	(私)東京工芸大学	11
(私)中京大学	29	(私)奈良大学	19	(私)東邦大学	11
(私)南山大学	29	(私)北海学園大学	18	(私)金城学院大学	11
(私)埼玉工業大学	28	(私)東北学院大学	18	(私)大手前大学	11
(私)亜細亜大学	28	(私)中央学院大学	18	(私)広島工業大学	11
(私)拓殖大学	28	(私)目白大学	18	(国)広島大学	10
(私)佛教大学	28	(私)神奈川大学	18	(私)白鴎大学	10
(私)杏林大学	27	(私)京都先端科学大学	18	(私)芝浦工業大学	10
(私)明治学院大学	27	(私)成城大学	17	(私)二松学舎大学	10
(私)名城大学	27	(私)多摩美術大学	17	(私)中部大学	10
(私)國學院大学	26	(私)大阪学院大学	17	(私)四天王寺大学	10
(私)聖学院大学	25	(私)関西外国語大学	17	(私)東京成徳大学	9
(私)東京農業大学	25	(私)東京工科大学	16	(私)横浜商科大学	9
(私)常葉大学	25	(私)文京学院大学	16	(私)大阪医科薬科大学	9
(私)神田外語大学	24	(私)帝塚山大学	16	(私)流通科学大学	9
(私)上智大学	24	(私)学習院大学	15	(私)西南学院大学	9
(私)玉川大学	24	(私)武蔵大学	14	(私)立命館アジア太平洋大学	9
(私)北里大学	24	(私)日本福祉大学	14	(公)大阪公立大学	8
(私)愛知淑徳大学	24	(私)大阪経済大学	14	(私)共立女子大学	8
(私)京都文教大学	24	(私)武庫川女子大学	14	(私)工学院大学	8

(国公私)大学名	合格者数	(国公私)大学名	合格者数	(国公私)大学名	合格者数
(私)白百合女子大学	8	(私)畿央大学	6	(国)電気通信大学	4
(私)東京経済大学	8	(私)広島国際大学	6	(国)岡山大学	4
(私)東京女子大学	8	(私)安田女子大学	6	(公)兵庫県立大学	4
(私)日本社会事業大学	8	(私)松山大学	6	(私)北海商科大学	4
(私)名古屋経済大学	8	(私)久留米大学	6	(私)和洋女子大学	4
(私)京都ノートルダム女子大学	8	(私)崇城大学	6	(私)東京家政大学	4
(私)大阪経済法科大学	8	(国)千葉大学	5	(私)麻布大学	4
(私)札幌学院大学	7	(国)富山大学	5	(私)横浜薬科大学	4
(私)酪農学園大学	7	(公)横浜市立大学	5	(私)藤田医科大学	4
(私)駿河台大学	7	(私)北星学園大学	5	(私)千里金蘭大学	4
(私)愛知工業大学	7	(私)北海道科学大学	5	(私)就実大学	4
(公)東京都立大学	6	(私)東北工業大学	5	(私)長崎国際大学	4
(私)北海道文教大学	6	(私)国際医療福祉大学	5	(国)東京農工大学	3
(私)宮城学院女子大学	6	(私)平成国際大学	5	(国)鳥取大学	3
(私)日本薬科大学	6	(私)大妻女子大学	5	(公)静岡文化芸術大学	3
(私)明海大学	6	(私)女子美術大学	5	(私)北海道情報大学	3
(私)跡見学園女子大学	6	(私)帝京科学大学	5	(私)常磐大学	3
(私)津田塾大学	6	(私)日本獣医生命科学大学	5	(私)学習院女子大学	3
(私)日本女子大学	6	(私)北陸大学	5	(私)聖心女子大学	3
(私)フェリス女学院大学	6	(私)岐阜医療科学大学	5	(私)東洋学園大学	3
(私)金沢学院大学	6	(私)東海学園大学	5	(私)明治薬科大学	3
(私)静岡理工科大学	6	(私)皇學館大学	5	(私)鎌倉女子大学	3
(私)椙山女学園大学	6	(私)甲南女子大学	5	(私)鈴鹿医療科学大学	3
(私)名古屋外国語大学	6	(私)天理大学	5	(私)京都光華女子大学	3
(私)同志社女子大学	6	(私)九州国際大学	5	(私)帝塚山学院大学	3
(私)花園大学	6	(私)西日本工業大学	5	(私)神戸女学院大学	3
(私)神戸女子大学	6	(私)福岡女学院大学	5	(私)姫路獨協大学	3
(私)兵庫医科大学	6	(国)東京外国語大学	4	(私)福山大学	3

(国公私)大学名	合格者数	(国公私)大学名	合格者数	(国公私)大学名	合格者数
(私)筑紫女学園大学	3	(私)長浜バイオ大学	2	(私)東京情報デザイン専門職大学	1
(私)福岡歯科大学	3	(私)大阪樟蔭女子大学	2	(私)田園調布学園大学	1
(私)西九州大学	3	(私)森ノ宮医療大学	2	(私)東洋英和女学院大学	1
(国)横浜国立大学	2	(私)神戸薬科大学	2	(私)新潟医療福祉大学	1
(国)金沢大学	2	(私)兵庫大学	2	(私)開志専門職大学	1
(公)公立千歳科学技術大学	2	(私)比治山大学	2	(私)金沢医科大学	1
(公)北九州市立大学	2	(私)福岡工業大学	2	(私)山梨学院大学	1
(私)北翔大学	2	(国)東京海洋大学	1	(私)聖隷クリストファー大学	1
(私)北海道千歳リハビリテーション大学	2	(国)九州工業大学	1	(私)愛知医科大学	1
(私)八戸学院大学	2	(公)神戸市外国語大学	1	(私)豊田工業大学	1
(私)富士大学	2	(私)札幌大谷大学	1	(私)名古屋芸術大学	1
(私)石巻専修大学	2	(私)藤女子大学	1	(私)平安女学院大学	1
(私)東北医科薬科大学	2	(私)八戸工業大学	1	(私)藍野大学	1
(私)高崎健康福祉大学	2	(私)自治医科大学	1	(私)大阪青山大学	1
(私)共栄大学	2	(私)獨協医科大学	1	(私)関西医科大学	1
(私)日本医療科学大学	2	(私)共愛学園前橋国際大学	1	(私)桃山学院教育大学	1
(私)敬愛大学	2	(私)十文字学園女子大学	1	(私)倉敷芸術科学大学	1
(私)駒沢女子大学	2	(私)尚美学園大学	1	(私)美作大学	1
(私)実践女子大学	2	(私)女子栄養大学	1	(私)広島文教大学	1
(私)清泉女子大学	2	(私)植草学園大学	1	(私)中村学園大学	1
(私)東京聖栄大学	2	(私)聖徳大学	1	(私)九州看護福祉大学	1
(私)星薬科大学	2	(私)千葉商科大学	1	(私)熊本保健科学大学	1
(私)新潟工科大学	2	(私)産業能率大学	1	(私)宮崎国際大学	1
(私)岐阜聖徳学園大学	2	(私)昭和薬科大学	1		
(私)静岡福祉大学	2	(私)東京医療保健大学	1		
(私)愛知東邦大学	2	(私)東京音楽大学	1		
(私)大同大学	2	(私)東京純心大学	1		
(私)名古屋学芸大学	2	(私)日本文化大学	1		

「余資なく、優暇なき者」のために変化をいとわない

東洋大学

理事・入試部長
加藤 建二さん（かとう けんじ）

2024年度の主な私立大学一般選抜志願状況において、前年よりも大きく志願者数を伸ばした東洋大学。大学通信調べによる高認出身者の各大学合格状況を見ても、上位に入っています。東洋大学が多くの受験生に選ばれる理由についてお話を伺いました。

▍幅広い学部・学科を時代のニーズに合わせて再編

2024年度入試で東洋大学の志願者数が伸びた理由の一つに、多岐にわたる広い学問領域をカバーしていることが挙げられます。文系から理系まで14学部43学科・専攻があり、受験生にとって、自分のやりたいこと、学びたいことが見つかる大学になっています。そして、その幅広い学問領域を時代のニーズに対応させるため、変わることをいとわない大学でもあります。

実際に、学部・学科およびキャンパスの再編をコンスタントに行ってきました。近年の例を挙げると、2023年度には赤羽台キャンパスに「福祉社会デザイン学部」「健康スポーツ科学部」を、2024年度からはリニューアルした朝霞キャンパスに新たな「生命科学部」「食環境科学部」をスタートさせています。これらの学部・学科の再編は、少子高齢化が進む中、社会福祉分野での人材育成や、運動や食に関する研究開発が重要と考えているからです。

東洋大学では、創立者である哲学者・井上円了の考えから、物事の本質をよく見て、深く考える学びを大事にしています。その学びを通して、他者のために自己を磨いて、社会活動で奮闘する学生を輩出していきたいと考えています。

▍「多教科」「英語」「数学」に特化した入試を拡充

入試方式の改革を進めてきたことも、志願者数増に繋がっていると見ています。東洋大学では、主に3種類の入試を拡大していきました。まず、一つが「5・4教科型入試」です。多くの私立大学では、3教科以内のできるだけ少ない教科で受験できる方式を打ち出しているところを、東洋大学では、多教科型の入試方式を増やしてきました。これは、受験生の努力を正当に評価したいという思いからです。結果、2024年度入試では、5・4教科型の志願者数が1万人を超えて、過去最高になりました。

また、グローバル化とIT化に対応できる学生を育成するために、「英語重視型入試」と文系学部における「数学必須入試」にも力を入れてきました。実際に、2024年度入試の結果を見ると、「英語重視型入試」では、前期日程の志願者のうち57.5％が英語外部試験を利用して受験しています。また、文系学部での「数学必須入試」においては、経済学部経済学科の入学者のうち約76％がこの入試を利用して入学してくる予定です。

入試方式は、「こんな学生にきてほしい」という大学からのメッセージです。今年度の結果を見ると、多教科を満遍なくこなせる学生や英語、数学が得意な学生が集まってきていると感じています。

【第1部】14学部43学科・専攻

- 文学部
- 経済学部
- 経営学部
- 法学部
- 社会学部
- 国際学部
- 国際観光学部
- 情報連携学部
- 福祉社会デザイン学部
- 健康スポーツ科学部
- 理工学部
- 総合情報学部
- 生命科学部
- 食環境科学部

【第2部・イブニングコース（夜）】6学部8学科

- 文学部　東洋思想文化学科
　　　　　日本文学文化学科
　　　　　教育学科
- 経済学部　経済学科
- 経営学部　経営学科
- 法学部　法律学科
- 社会学部　社会学科
- 国際学部　国際地域学科
　　　　　　地域総合専攻

東洋大学HP
『Web体験授業』を
CHECK！

全学部の専任教員による体験授業を見られます。各教員の専門分野と、研究していることがどのように今後の世の中に役立っていくのかまとめられています。

　詳しくはこちら　

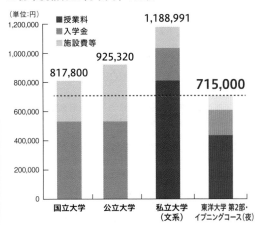

納付金（学費等）は **国公立大学以下** ！
2年次以降は共通で **53万5,000円**

■初年度納付金（学費等）の比較※

（単位：円）
■授業料
■入学金
■施設費等

- 817,800（国立大学）
- 925,320（公立大学）
- 1,188,991（私立大学（文系））
- 715,000（東洋大学 第2部・イブニングコース（夜））

※国公立大学は文部科学省令による標準額。
※公立大学は文部科学省「2022年度学生納付金調査」の公立大昼間部の平均額。
　入学料は地域外入学者の平均額。
※私立大学は文部科学省「令和3年度私立大学入学者に係る初年度学生納付金平均額調査」の私立大昼間部文系学部の平均額。

日本の大学で最大の夜間部も

　夜間部にあたる「第2部・イブニングコース」を設置していることも受験生から選ばれる理由の一つだと思います。在学生のうち高認出身者の割合を見ると、昼間に通う第1部の学生では0.5％のところ、夜間の第2部では3％と高くなっています。これは推測ですが、高認出身者のバックグラウンドとイブニングコースの学び方がマッチしているのかもしれません。

　東洋大学の創立者・井上円了は、「余資なく、優暇なき者」、つまり「お金や時間に余裕のない人」のために開かれた大学を創りました。我々も創立者の理念を継承し、学費は、関東圏の他の私立大学より安価に抑えています。イブニングコースの学費は、さらにリーズナブルで、国公立大学以下となっています。

　学べる分野も6学部8学科があり、日本の大学で最大の夜間部です。学生数も、全私立大学夜間部学生の約3割を占めています。授業は、月曜日から土曜日の6限目・7限目（18時15分〜21時25分）に行われ、4年で卒業を目指せます。一定の制限はありますが、昼間の授業を履修することも可能です。授業の開講時間が違うだけで、授業の質や使える施設は、昼間に通う学生となんら変わりはありません。

　イブニングコースに通う学生は現役生の10代から60・70代と年齢が幅広く、さまざまな経験を積んでいる方々と交流できるのも特徴です。社会人として働きながら学んでいる人、経済的・精神的に自立したい人、芸能活動や資格取得など自分の将来に繋がることに力を入れたい人などです。また、持病などで昼間に通うのが難しく、イブニングコースを選んだ人もいます。どんな理由であれ、みな、昼間の時間を有効活用しながら、積極的に夜に学ぶことを選んでいるのだと感じます。

　年々、大学の夜間部が減少している中、夜に学ぶ選択肢があることは知られなくなってきました。我々としては、「余資なく、優暇なき者」にとっても学べる可能性が大きくなる選択肢の一つとして、今後も第2部・イブニングコースを継承していきたいと思います。

問い合わせ先

東洋大学 📞03-3945-7272
●白山キャンパス
〒112-8606 東京都文京区白山5-28-20
HP：https://www.toyo.ac.jp/

公式HPはこちらから

2025年度から新課程対応スタート！

どう変わる？ 大学入試

平野 稔さん（元河合塾COSMO チーフ）
ひら の みのる

2022年度からの高等学校学習指導要領改訂を受け、2025年度から新課程対応の大学入試がスタートします。高認合格から大学進学を目指すみなさんの中には、どのように変わっていくのか不安を感じている方も多いかと思います。前年度までの入試との変更部分はありますが、学ぶべき内容が大きく変わるわけではありません。長年、高認生の大学受験をサポートしてきた平野稔さんと一緒に、2025年度大学入試での変更点を見ていきます。

4教科に変更あり　共通テストは経過措置あり

2025年度からの大学入試では、「情報」「地理歴史」「公民」「数学」の4教科で新課程に伴う変更点があります。下の表が、2025年度の大学入学共通テスト（以下、共通テスト）の試験教科・科目です。出題科目に変更があった教科・科目は、下記の表において赤色で記しています。

「情報」が新しい科目として追加され、「地理歴史」「公民」「数学②」では科目構成が再編されます。しかし、旧課程で学んできた受験生が不利にならないよう、2025年度共通テストでは、この4教科においては旧課程生が選択できる「経過措置科目」が出題されます。

高認資格で大学受験をされる方はこの経過措置の対象となり、新課程での科目、経過措置科目、新旧いずれの科目も選択可能です（ただし、地理歴史・公民では新旧両科目を組み合わせた選択はできません）。過去に高認合格をしている方はもちろん、今年度から変更される高認を受けて合格した方、今年度に合格が見込まれる方も含まれます。

なお、「数学②（数学Ⅱ・数学B・数学C）」「国語」では試験時間が10分延長となります。「数学②」では60分から70分へ、「国語」では近代以降の文章が1題追加され3題となり、近代以降の文章110点、古文45点、漢文45点となり、試験時間も80分から10分延長され90分となります。

◎2025年度共通テストの試験内容と旧教育課程履修者等に対する経過措置

教科	新教育課程	旧教育課程履修者等に対する経過措置
情報	「情報Ⅰ」	「旧情報」
国語	国語	なし
地理歴史	「地理総合, 地理探究」	「旧地理A」「旧地理B」
	「歴史総合, 日本史探究」	「旧日本史A」「旧日本史B」
	「歴史総合, 世界史探究」	「旧世界史A」「旧世界史B」
	「地理総合／歴史総合／公共」 ※いずれか2科目の内容を選択解答	なし
公民	「公共, 倫理」「公共, 政治・経済」	「旧現代社会」「旧倫理」「旧政治・経済」「旧倫理, 旧政治・経済」
数学	①「数学Ⅰ, 数学A」「数学Ⅰ」	「旧数学Ⅰ・旧数学A」「旧数学Ⅰ」
	②「数学Ⅱ, 数学B, 数学C」	「旧数学Ⅱ・旧数学B」「旧数学Ⅱ」「旧簿記・会計」「旧情報関係基礎」
理科	「物理基礎／化学基礎／生物基礎／地学基礎」 ※いずれか2科目の内容を選択解答	なし
	「物理」「化学」「生物」「地学」	
外国語	「英語」「ドイツ語」「フランス語」「中国語」「韓国語」	なし

より情報収集が必要となる個別試験

過去、新課程初年度の入試となる場合、各大学の個別試験（国公立の2次試験、私立大学一般方式）においては、新旧いずれの課程を履修していても不利益が生じないよう出題が配慮されることが多くなっています。ただ、2025年度の入試科目について公表している大学を見ると、大学によって対応が違うことがわかります。

例えば、「地理歴史」の出題範囲ですが「総合科目を含む」「総合科目を含まない」といった対応は大学によって異なります。共通テスト同様、出題範囲を「●●総合・●●探究」としている大学もあれば、東京大学や京都大学のように「●●探究」のみの出題としているケースもあります。また、同じ大学でも学部によって範囲が異なる場合もあります。その一例が慶應義塾大学です。文、法、経済の各学部では「歴史総合, 日本史探究」「歴史総合, 世界史探究」ですが、商学部では「探究」のみ出題すると発表しています。各大学のホームページなどで志望する大学・学部の入試情報をしっかりチェックしておくことが大切です。

①情報 国立大学志望なら必須 8科目受験が原則

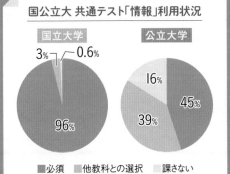

国公立大 共通テスト「情報」利用状況

国立大学

3% / 0.6%

96%

公立大学

16%

45%

39%

■必須　■他教科との選択　■課さない

河合塾調べ（2023年10月末時点）
※前期日程で集計（大学公表の募集区分に基づき作成）

今回から共通テストの新教科として追加された「情報」は、国立大学は一部の大学を除きほぼすべての大学が必須としています。つまり、国立大学を目指す人は「情報」を含む8科目で受験できるような準備が必要です。ただ、配点は大学・学部によって様々です。8科目を課さない大学では他教科との選択にするケース、課さないというケースもあります。自分が志望する大学の配点も含め確認しておくと安心でしょう。

公立大学では、国立大学より共通テストの科目数が少ない大学が多いため、必須とする大学が半数以下で、それ以外は他教科との選択、課さないなどの形をとっています。なお、国公立大学の2次試験で、「情報」を課すところはごく一部となっています。

私立大学においては、共通テスト利用方式／一般方式どちらにおいても、情報を必須とするところはごく一部で、選択科目のひとつとしているケースが多く、これまで通りの教科・科目で受験できます。

「情報」が入試科目として必要な場合は、大学入試センターが出しているサンプル問題で、どのような問題が出されるのかイメージをつけてもらって、各模試で慣れていくことが効果的でしょう。

②地理歴史

「歴史総合」は日本史と世界史の相互理解が必要

歴史を選択する受験生は、共通テストでは、日本史と世界史の相互理解が求められる「歴史総合」が出題範囲に追加されました。「日本史探究・世界史探究」のそれぞれで近現代史を学ぶ際に、同時代の世界について、日本について比較検討、振り返りを行うと学習を効率的に進めることができるでしょう。そのため、それぞれの地域でいつ、何が起きたのかという縦の流れと、同じ時期に他の地域で何が起きたのかという横のつながりを踏まえて、学習を進めていく必要があります。

また、各大学の個別試験では、大学・学部によって「歴史総合」を含むかどうかに違いが出ています。複数の大学・学部を受験する場合は、範囲が異なる可能性があるので各大学のホームページなどでチェックしておくとよいでしょう。

③数学

「数学II、数学B、数学C」学習する分野に変化はなし

数学において、新課程では各科目で学習する分野の移行があり、数学Cが科目として新設され、共通テストでは出題科目が「数学I、数学A」「数学II、数学B、数学C」となりました。一見、範囲が広がったように見えますが、実質的に学習する分野に旧課程との変化はありません。

2025年度の共通テストでの「数学II、数学B、数学C」では解答問題数が2項目から3項目の選択と増え試験時間も60分から70分となります。このため、これまで多くの受験生が選択していた「数列」「ベクトル」に加えて、「統計的な推測（旧課程の数学B）」か「平面上の曲線と複素数平面（旧課程の数学III）」のいずれかの対策が必要になります。

一方で、各大学の個別試験の数学Bと数学Cの出題範囲は、文系は「数列」「ベクトル」、理系は「数列」「ベクトル」「平面上の曲線と複素数平面」と2024年度までの入試での出題範囲と変わらない大学が多くなっています。

2025年度 大学入試の ポイントまとめ

このように、2025年度入試では大学・学部によって、変更点がある教科・科目の扱い方が違うため、常に関心を持って、情報収集することが大切です。志望校が決まっている場合は、あらかじめ入試情報を把握しておくと安心でしょう。

また、志望校が決まっていない場合も、「自分がどういうことを学びたくて、どこの学部に行きたいか」を考えながら大学を探すと同時に、各大学の入試情報を一緒にチェックすることで、受験勉強をスムーズに進めることができると思います。オープンキャンパスを活用すると、大学の学びや実際の雰囲気を知るだけでなく、最新の入試情報を一緒に得られるのでおすすめです。

そして、7月頃には、各大学の入試要項が公表されるはずです。詳細な情報を確認して、志望大学を絞り込んでいくとよいでしょう。

また、大学入試センターからは2022年11月9日に2025年度共通テストの問題作成の方向性や試作問題などが掲載されています。これらを分析した予備校のコメントなども参考にし、模試などを受験しておくのもよいでしょう。正確な情報を収集して学習を進めていけば不安を感じる必要性はありません。

あなたのしごと探しを
全面的に個々にサポート
―積極的利用で未来に繋ぐ

東京しごとセンター

最近、手厚く充実しているといわれる「若者向けの就職サポート」。働きたいけれど、なかなか踏み出せない人に向けて就職活動の相談や準備を個別に支援するものです。中でも知られているのが、厚生労働省の委託で全国各地にサポート施設を置く「地域若者サポートステーション(通称:サポステ)」や、都道府県が主体となって設置しているワンストップ支援の「ジョブカフェ」などがあります。いろんな支援がある中で、「東京しごとセンター」は、東京都が都民の雇用や就業を支援するために設置し、幅広い年齢層に向けた多様な支援を提供しています。29歳以下を対象としたヤングコーナーでは、高卒認定試験(以下、高認)は合格したがなかなか就職情報を得られない、中学・高校卒業後、就職していない方などの利用を勧めています。

「自分のしごと探し」をスタート

東京都の委託を受け、公益財団法人東京しごと財団が運営しているのが東京・飯田橋にある「東京しごとセンター」です。2004年7月に設立され、今年20周年を迎えます。東京しごとセンターが入るビルには、東京都立職業能力開発センターや社会福祉協議会、東京都労働相談情報センターなど各機関が入っており、仕事に関するさまざまな悩みを1か所で解消できる、まさに「しごとに関するワンストップサービスセンター」です。

実際に利用する際は、まず、総合相談窓口で利用者に合ったコーナーを案内します。各年齢別のコーナーのほかに、障害や社会的・経済的な理由で困難を抱える方に向けた「専門サポートコーナー」や結婚、出産、育児、介護から再就職を目指す「女性しごと応援テラス」があります。各コーナーでは、これまでの進路や今の状況などを含めて、丁寧にキャリアカウンセリングを行います。そして、就職支援アドバイザーと相談しながら、セミナーやプログラムに参加し準備を進め、併設されているハローワークを利用しながら就職まで目指します。

企業とのマッチングで
いかに自分が働く具体的なイメージを
描けるかが決め手

29歳以下(一部サービスは34歳以下)を対象としたヤングコーナーでは、就職支援アドバイザーとの相談を軸とし

て、一人ひとりの仕事に関する悩みや課題に合わせたセミナーやプログラムを用意しています。

正規雇用対策担当課長の小倉保雄さんによると、このコーナーの特徴は、「初めて就職活動をする人が多くいます。そのため、自己分析をしっかりした上で、業界や業種、職種も十分理解し、具体的なイメージをもって仕事選びをするというよりも、"自分は何がしたいんだろう""どんな仕事が向いているんだろう"と、まだ自分の希望や適性がぼんやりとしている人が多くいます」とのことです。そこで、「ヤングコーナーでは、利用者一人ひとりに担当の就職支援アドバイザーがつき、個別のキャリアカウンセリングを通して自己分析や自分のやりたい仕事を一緒に固めていきます。さらに、その仕事に必要な知識・スキルを明確にし、豊富に用意しているセミナーやプログラムを受け、職業準備性を高めてもらいます」といった説明がありました。ヤングコーナーでは、面接の受け方や履歴書の書き方など、就職活動に役立つ知識や情報、スキルが身につくテーマを豊富にラインナップしています。

また、小倉さんは、「特に若い方に不足しているのは、組織や職場で仕事をするイメージ。これを培ってもらうため、企業との出会いの場を多く設けています」と強調していました。ヤングコーナーでは、企業説明会や就職面接会をはじめ、企業の人事担当者と交流を図る「とうきょうJOBフェスタ」など、企業と出会い、人事担当者と対話できる機会を多く提供しています。こうした機会を活用して様々な業界や業

ヤングコーナー利用の流れ

総合相談
登録手続きをして
サービス内容、利用の
仕方の説明を受ける

Step.1
相談・アドバイス

Step.2
就職に必要な知識・技能を身につける

Step.3
仕事を紹介

ヤングコーナー（29歳以下を対象）サービス

●キャリアカウンセリング
就職支援アドバイザーが
マンツーマンで就職活動
を全面的にサポート。

●パソコン・情報コーナー

●求職活動支援セミナー
自己分析や応募書類作成、面接対策など実践的な
就職ノウハウを学ぶ。

●合同企業説明会・中小企業見学会
若者の採用に意欲的な中小企業との交流、企業訪問など。

●ハローワーク飯田橋U-35
と連携した職業紹介

ヤングコーナー支援プログラムの一部を紹介

◆「業界職種・企業ラボ」
企業情報相談窓口。就活の素朴な疑問を気軽に相談できる。

◆「業界職種勉強会」
ITエンジニア、EC業界・小売業界など業界ごとのセミナー・企業交流会。

◆若者正社員チャレンジ事業（29歳以下）
セミナーと企業内実習で正社員に求められるスキル等の習得、就職
を目指す。奨励金の支給もある。

◆ワークスタート！（16歳から34歳以下）
7週間にわたっての集中講座。
就職活動開始前に準備しておきたいことを段階的に学べる。

◆すぐに使える就活講座（学生から34歳以下の方）
「コミュニケーションタイプ診断」「面接トレーニング〈模擬面接〉」
「ビジネスマナー」など豊富にラインナップ。

しごと探しをサポートします

このほか年齢別に、ミドル（30歳以上54歳以下）、シニア（55歳以上）、女性しごと
応援テラス（結婚、出産、育児、介護からの再就職）、専門サポート（障害や社会的・
経済的な事由で就労困難な方）と分かれています。

種、職種を知ることで、自分がどのような仕事に向いているのか、あらためて確認することができます。また、JOBフェスタ出展企業の見学会「JOBトラベル」で実際の職場を確認し、さらに具体的なイメージを固めることもできます。

高卒認定者の事例も紹介してもらいました。その方は、高認取得後に大学に進学しましたが、就職活動をせず卒業してしまいました。見かねた保護者がコーナーの利用を勧めたそうです。当初は自発的な活動とはいきませんでしたが、JOBフェスタに参加したことがきっかけで、やる気に火が点いたそうです。企業内実習（インターンシップ）を通じて正社員就職に結びつけるプログラム「若者正社員チャレンジ事業」を利用して、その後半年もしないうちに正社員として就職し、2年目を迎えた現在も元気に働いているとのことでした。

企業が求めるのは適性
コミュ力の高さ、そして伸びしろ

企業から求められるものは、まずはコミュニケーション力です。どの組織や職場でもヒューマンスキルは重要な要素となります。また、東京の場合、多くの中小企業で若手人材が不足しています。そのため、学歴にこだわらず、職業適性やコミュニケーション力、将来的な伸びしろを重視して採用する企業も多くあります。ヤングコーナーでは、セミナー等もスクール形式でなく、グループディスカッションを多く用い、コミュニケーション力が向上するよう工夫しています。

小倉さんによると、就職に結びつきやすい人は「まず自己分析がしっかりできている」ということです。自分の強み、弱みが見えていること。それから適性、自分がどんな仕事がしたいかが見えていると仕事探しもスムーズになります。その上で、「『己を知って相手を知る』。自分が応募する企業の情報を十分把握することです。あとは面接の受け方、応募書類の書き方など基本的なテクニックも必要です。せっかくよい人材なのに、書類選考で門前払いされるケースもあります。これは『習うより慣れろ』で練習していくしかない。ぜひ、ヤングコーナーでこうした知識や情報、スキルを学び、身につけてください」とのことでした。

最後に「新卒の方は大学などを通じて就職情報が得られますが、高認を取った方、高卒後就職していない方はそうした機会や場がありません。ぜひヤングコーナーを利用して、こちらから発信される情報や各種サービスを積極的に活用してください」ともつけ加えられました。

問い合わせ先

公式HPは
こちらから

東京しごとセンター

📞 **03-5211-1571** （代表）
〒102-0072 東京都千代田区飯田橋3-10-3
HP. https://www.tokyoshigoto.jp/

大学編

大学入試の種類は3つ
しっかり押さえて自分の"強み"を活かそう

大学入試の種類は、①一般選抜、②総合型選抜（旧AO入試）、③学校推薦型選a抜（旧推薦入試）の3種類です。3種類もあると複雑に感じてしようかもしれませんが、自分に合った入試方式を選んでいきましょう。

01 一般選抜

　一般選抜は学力検査を中心に選抜が行われます。

　私立大学の場合は、2～3教科の試験を課す大学独自の一般入試を中心に、大学入学共通テスト（以下、共通テスト）利用方式など様々な方式で受験することができます。私立の一般入試は何校でも何回でも受験することができます。

　国公立大学では、共通テストと個別試験を合わせて合否判定が行われます。2025年度の共通テスト（2025年1月18日、19日実施）では7教科・21科目から、志望する大学の学部が指定した教科・科目を受験します。国公立の一般入試は、前期、中期、後期に分かれて行われます。

02 総合型選抜（旧AO入試）

　総合型選抜は大学が求める学生像に、その人がやってきたこと、大学でやりたいことがふさわしいかどうかを書類審査・面接などを通じて選考します。

　総合型選抜は書類・面接が中心となりますが、現在の大学入試制度では学力評価を行うことを必須としています。大学によって学力を評価する方法は異なりますが、基礎学力テストや小論文、また口頭試問などでも学力をみる動きがあります。高卒認定試験から総合型選抜を目指す場合、明確な評価基準はありませんが志望する学部・学科に関係する科目については高い評価を得られるような学習を進めていくことが望ましいでしょう。

03 学校推薦型選抜（旧推薦入試）

　学校推薦型選抜は書類審査・面接などによって選考を行います。学校推薦型選抜は指定校制（私立大）、と公募制（私立第・国公立大）があり、どちらも在籍する高等学校長の推薦が必要となります。指定校制の場合は高校に推薦枠がある大学のみ出願が可能ですが、公募制の場合は自由に出願できます。調査書の評定平均値が高い人や高校での活動に積極的に参加していた人におすすめです。

～ Pick up! ～　社会人入試

　社会人入試は、すでに社会に出ていろいろな経験を積んだ人たちを対象とした入試です。
　いったん、社会に出て経験を積んだ後に大学へ行く方法の一つとなっています。各大学の募集要項を見ると、「職務経験（家事専従を含む）を有し〇歳以上の者」、「企業、官公庁などで〇年以上の勤務経験がある者」というように、受験可能な人物像が明らかにされています。

一般選抜 基本的な受験科目のパターン

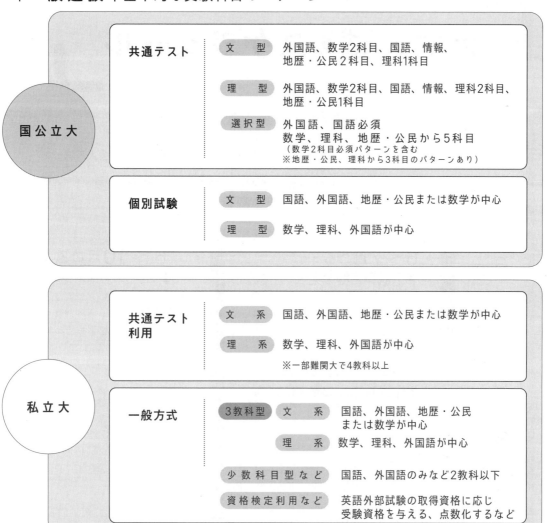

国公立大

共通テスト

- 文　型　外国語、数学2科目、国語、情報、地歴・公民2科目、理科1科目
- 理　型　外国語、数学2科目、国語、情報、理科2科目、地歴・公民1科目
- 選択型　外国語、国語必須
　数学、理科、地歴・公民から5科目
　（数学2科目必須パターンを含む
　※地歴・公民、理科から3科目のパターンあり）

個別試験

- 文　型　国語、外国語、地歴・公民または数学が中心
- 理　型　数学、理科、外国語が中心

私立大

共通テスト利用

- 文　系　国語、外国語、地歴・公民または数学が中心
- 理　系　数学、理科、外国語が中心
　※一部難関大で4教科以上

一般方式

- 3教科型　文　系　国語、外国語、地歴・公民または数学が中心
- 　　　　　理　系　数学、理科、外国語が中心
- 少数科目型など　国語、外国語のみなど2教科以下
- 資格検定利用など　英語外部試験の取得資格に応じ
　受験資格を与える、点数化するなど

総合型選抜

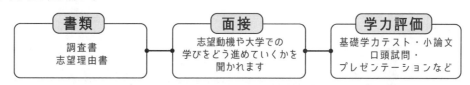

書類
調査書
志望理由書

面接
志望動機や大学での
学びをどう進めていくかを
聞かれます

学力評価
基礎学力テスト・小論文
口頭試問・
プレゼンテーションなど

学校推薦型選抜

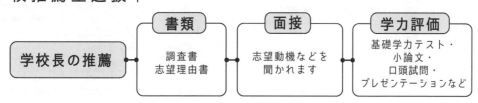

学校長の推薦

書類
調査書
志望理由書

面接
志望動機などを
聞かれます

学力評価
基礎学力テスト・
小論文・
口頭試問・
プレゼンテーションなど

※国公立大は学力評価として共通テストを課すパターンあり

大学入試のスケジュール

4月	一般入試、総合型選抜、学校推薦型選抜、社会人入試の選抜方法や出願条件の発表が行われます。7月ごろから出願書類の入った募集要項の配布が始まります。（実際の期間は公式の実施要項を確認）	
5月		
6月	6〜7月ごろ ▶入試科目等の発表	6〜10月ごろ ▶オープンキャンパス
7月		オープンキャンパスで総合型選抜の事前説明も行われます。
8月	第一回 高認試験 8月1日（木）、8月2日（金）	
9月		
10月		
11月	第二回 高認試験 11月2日（土）、11月3日（日）	
12月		
1月	1月 ▶共通テスト実施	大学入学共通テストは2025年1月18日（土）、19日（日）
2月	2〜3月 ▶一般入試実施	私立大学の一般入試は1月末から3月中旬まで。国公立大学もの個別試験も2月から開始。国立大前期2月25日から。後期3月12日から。一部の公立大中期3月8日から。
3月		

※あくまで目安なので、詳細は各発表をご確認ください。

8月～
▶社会人入試出願受付

9月～
▶総合型選抜出願受付（1日から）

10月
▶共通テスト出願

10月の大学入学共通テスト出願時は、11月高認試験の前にあたりますが、11月高認受験生も必要な手続きを行えば共通テストを受験できます。

11月
▶学校推薦型選抜出願受付（1日から）

12月
▶私立大一般選抜出願受付

1月
▶国公立大個別試験出願受付

国公立大学の二次（個別）試験の出願期間は2025年1月27日～2月5日。

知っておきたい！共通テストのしくみ

共通テストの解答はマーク式　問題は応用力が試される

　「大学入学共通テスト（以下、共通テスト）」は、毎年１月中旬の土曜・日曜に渡って全国一斉に実施されます。一般選抜の最初の試験であり、大学受験生の登竜門となる試験です。

　2024年度現在、共通テストはすべて「マーク式」で行われています。ただし、知識量に加えて思考力・判断力・表現力等も評価できるような作問や出題形式となっています。例をあげると文章や図表、複数の資料などを読みとる問題があるほか、学校での授業の場面や日常生活のなかで課題を発見し解決方法を提示するような問題、さらに資料やデータをもとに答えを導き出す問題など、応用力が必要となるものが教科・科目を問わず出題されています。

　また、文系理系を問わず受験が必要な「英語」も多様な問題が出題されるとともに「リーディング」と別時間に実施される「リスニング」の受験が必須となっています。「リーディング」と「リスニング」の配点はそれぞれ100点で、配点比率は１：１となっています。ただし、各大学が成績を利用する際には、配点比率を自由に決めることができるため、そのまま１：１で利用する大学のほか、センター試験時と同じ４：１で利用する大学もあるなど、大学により対応は分かれています。

選択科目は志望大学に合わせて

　2025年度の共通テストからは、新しくなった学習指導要領に沿った教科・科目で実施されます。国語・地理歴史・公民・数学・理科・外国語・情報の7教科21科目となり、受験生はこの中から志望する大学が指定する教科・科目を選択して受験します。

　国立大学では約8割、公立大学では約2割の大学で8科目を共通テストに課しています。8科目の選択は大学・学部によって異なりますが、国語・地理歴史・公民・数学・理科・外国語・情報のすべてが必要となります。一部の国公立大学では3教科などで受験ができるところもありますが数は多くはありませんので、学習を進めるときは8科目に対応できるように準備していくことが必要です。

　私立大学では一部難関大で4教科以上を課していますが、3教科以下で受験できるのが一般的です。全私立大学の約9割が「共通テスト利用方式」を導入しており、受験生も1回のテストで複数の大学が併願できるので、合格のチャンスが広がっています。

教科		科目	配点	試験時間	選択方法
国語		『国語』	200点	90分	
地理歴史		(a):『地理総合／歴史総合／公共』 (b):『地理総合，地理探究』 『歴史総合，日本史探究』 『歴史総合，世界史探究』 『公共，倫理』 『公共，政治・経済』 (a):必履修科目を組み合わせた出題科目 (b):必履修科目と選択科目を組み合わせた出題科目	1科目 100点 2科目 200点	1科目選択 60分 2科目選択 130分 （うち解答時間120分）	・6科目のうちから最大2科目を選択し，解答する ・(a)の『地理総合／歴史総合／公共』は，「地理総合」，「歴史総合」及び「公共」の3つを出題範囲とし，そのうち2つを選択解答する ・2科目を選択する場合，以下の組合せを選択することはできない 　(b)のうちから2科目を選択する場合 　　『公共，倫理』と『公共，政治・経済』の組合せを選択することはできない 　(b)のうちから1科目及び(a)を選択する場合 　　(b)については，(a)で選択解答するものと同一名称を含む科目を選択することはできない ・受験する科目数は出願時に申し出ること
公民					
数学	①	『数学Ⅰ・数学A』 『数学Ⅰ』	100点	70分	・2科目から1科目を選択し，解答する ・「数学A」については，図形の性質，場合の数と確率の2項目に対応した出題とし，全てを解答する
	②	『数学Ⅱ，数学B，数学C』	100点	70分	・「数学B」及び「数学C」については，数列（数学B），統計的な推測（数学B），ベクトル（数学C）及び平面上の曲線と複素数平面（数学C）の4項目に対応した出題とし，4項目のうち3項目の内容の問題を選択解答する
理科		『物理基礎／化学基礎／生物基礎／地学基礎』 『物理』 『化学』 『生物』 『地学』	1科目 100点 2科目 200点	1科目選択 60分 2科目選択 130分 （うち解答時間120分）	・出題科目の5科目のうちから最大2科目を選択し，解答する ・『物理基礎／化学基礎／生物基礎／地学基礎』は，「物理基礎」，「化学基礎」，「生物基礎」及び「地学基礎」の4つを出題範囲とし，そのうち2つを選択解答する ・受験する科目数は出願時に申し出ること
外国語		『英語 （リーディング，リスニング）』	各100点 計200点	英語 リーディング80分 リスニング60分 （うち解答時間30分）	5科目から1科目を選択解答する
		『ドイツ語』『フランス語』 『中国語』『韓国語』	200点	その他 80分	
情報		『情報Ⅰ』	100点	60分	

科目選択で気を付けたいこと

　　科目選択の際に注意しなければならない科目があります。一つが地理歴史・公民です。2科目選択時に、組み合わせ不可のパターンを選ばないように注意が必要です。

　　また、『地理総合／歴史総合／公共』『数学Ⅰ』では、利用を認めていない大学もありますので、他のケースも含め事前に各大学の募集要項をしっかりと確認しておきましょう。

選ぶ学部の先に将来の職業が見えてくる

　大学がそれまで通っていた小・中・高と違っているのは、「専門分野」を「学問」として勉強する点です。一つの分野を学ぶ分、苦手な分野になると興味が持てなくなってしまうので、まずは関心がある分野を選ぶことが大切です。中には大学で学んだことが職業に直結する学部もあるので、目指したい職業を考えることも学部を選ぶことにつながるでしょう。

大学の学部は「文系」、「理系」、「文理混合系」の3つ

　大学の学部・学科を大きく分けると「文系（文科系）」と「理系（理科系）」の2つに分かれます。この2つの間にまたがっている学部・学科を「文理混合系」といいます。下の表で見られるように、文系の学部には法学部、文学部、経済学部など、理系の学部には理学部、農学部、工学部、医学部など、文理混合には教育学部や家政学部などがあります。

　大学の「文系」「理系」ではその分野に特化する分、好きなことを学び苦手な科目を避けるということも可能です。例えば文系の法学部法学科などの場合「数学」は全く使わなかったり、理系の理学部数学科の場合は「国語」に関して大学では一切学ばないということもあります。

文理別	学部系	主な該当学部
文科系	法学系	法学部、法政策学部、経営法学部、現代法学部など
	人文社会系	文学部、文教育学部、人文社会学部、社会学部、社会福祉学部、福祉社会学部など
	経済学系	経済学部、経営学部、商学部、商経学部、経営情報学部、情報学部、経済情報学部など
	文化総合	法文学部、法経学部、人間科学部、政経学部、政治経済学部、国際政治経済学部など
理科系	理学系	理学部、繊維学部、情報科学部、生物理工学部、生命科学部など
	農学系	農学部、園芸学部、畜産学部、水産学部、生物生産学部、生物資源学部など
	工学系	工学部、基礎工学部、工芸学部、情報工学部、電気通信学部、芸術工学部など
	薬学系	薬学部
	医・歯学系	医学部、歯学部
	医療看護系	看護学部、保健学部、衛生学部、環境保健学部、鍼灸学部、保健衛生学部など
	理科総合系	理工学部、総合理工学部、海洋学部、環境学部、環境理工学部、環境科学部など
文理混合系	教員養成系	教育学部、体育学部、学校教育学部、スポーツ健康科学部、スポーツ科学部など
	生活科学系	家政学部、生活科学部、栄養学部、食品栄養科学部、人間生活学部、生活環境学部など
	芸術系	美術学部、美術工芸学部、音楽学部、芸術学部、造形学部、造形芸術学部など
	文理総合系	教養学部、総合科学部、文理学部、学芸学部、図書館情報学部、総合人間学部など

幅広い内容を学ぶ学部・学科が増えている

　主な学部で学ぶ内容については、下の表にまとめました。

　文学部、法学部、工学部など古くからある学部については、名前を聞くとなんとなくですが勉強する内容も想像できます。では経営情報学部や国際関係学部、生物理工学部などと聞くとどうでしょうか？これらの学部のように従来の学問の中でも法律や経済、文化などを総合して勉強をしたり、個別で扱っていた分野を組み合わせてイノベーション的な探求ができるなど、いろいろな内容の学部ができています。こういった学部では、実社会に出てから使えるような技術や知識を学べることも特徴です。

　古くからある名称の学部でも、最新の情報技術を駆使するなど、新しい名称の学部に近い内容に変わっている場合もあります。工学部のような専門性の強い学部でも、副専攻で他の専門領域を学ぶ制度があるなど、一つの専門領域を学ぶ中でも選択としては幅広いものに変わってきています。

　そのため、興味のある分野が決まったら大学案内でシラバスを確認するほか、オープンキャンパスなどを活用したりして、志望大学での勉強の内容を確認することが大事になります。

学部名	主な内容
文学部	文学のほか史学、地理学、哲学、心理学などがある。 文化人類学や人間科学などの社会学的な学科のある大学もある。
人文学部	実際的、総合的に人間と社会・文化のあり方を研究する広い領域を持つ学部。
社会学部	社会や人間関係を研究する学部。 社会科学やコミュニケーション学科、福祉関連の学科、観光学科、人類学科などがある。
国際関係学部	国際社会に対応できる人材を養成する学部。 国際関係学と国際文化学に大別されるが、多様な専門科目がある。
法学部	法学系と政治学系に大別される。 憲法、労働法、商法、民法などの法を通じて正義や公共の福祉、人権をどう守るかを学ぶ。
経済学部	マルクス経済学と近代経済学の２系列があるが、最近は近代経済学が中心。 経営学部や商学部は経済学部に比べ実務的傾向がある。
理学部	数学、物理学、化学、生物学、地学などの学科がある。他の理系と比べると基礎的・理論的。 学部設置は国公立大に多い。
工学部	機械、電気・電子、応用化学、土木・建築、経営工学など広い分野を持つ。
農学部	農学、農芸化学、農業工学、農業経済、水産、畜産、獣医、林産など幅広い。獣医学は６年制。
医学部	医師になるための６年制の学部。基礎医学及び外科学や麻酔学などの臨床医学を学び、 最終段階で内科・外科などの専門に分かれる。
教育学部	教員養成には小学校、中学校などの課程があり、さらに英語や国語、数学、理科などの専攻に分かれる。
生活科学部	生活科学を体系的に学ぶところで、家政学、食物学、住居学、児童学などの学科がある。

★ここに載っている以外にもいろいろあるので、自分の興味・関心から調べてみてください。

興味・関心から見つけよう

　資格に直結する学部（特に医療系の学部）については、卒業後の進路も学部に関するものになりますが、それ以外の学部系統では学生が卒業後に就く仕事にバラつきがあります。この点を考えると、将来の職業ばかりを考慮して学部・学科を考えると、明確な決め手が得られず迷ってしまうのではないでしょうか。

　大学の学部を選ぶよい方法は、今の自分の興味や関心がどこにあるかを意識することです。興味や関心があることを大学で学んでいく過程で、その延長線上にある将来の職業や仕事も見つかっていくものと思います。

　これまで日本の大学では、大学教育の基礎として「一般教育科目」を専門科目を学ぶ前の段階に位置付けていましたが、時代の変化によって大学4年間を通して多角的に学べる学部ができています。実際に行う授業で扱う分野はさまざまですが、課題の発見・問題の解決に向けてあらゆる分野から学べることが特徴です。学部選びに迷う人は、リベラルアーツ的に学ぶというのも一つの選択かもしれません。

┆職業に直結学び┆

理　系	
・医師（医学部）	・獣医師（獣医学部）
・薬剤師（薬学部）	・看護師（看護学部）など

文　系
・弁護士や裁判官（法学部）
・公認会計士や税理士（経済学部、商学部）
・図書館司書（文学部、教育学部）など

文　理　混　合　系	・教師（教育学部）　　・管理栄養士（栄養学部）など

┆リベラルアーツ教育を行う大学・学部┆

国立	
埼玉大学	教養学部　現代社会専修課程
千葉大学	国際教養学部
お茶の水女子大学	文理融合リベラルアーツ演習
東京大学	教養学部
東京医科歯科大学	医学部医学科
東京工業大学	リベラルアーツ研究教育院
大阪教育大学	教養学部教養協同学科
山口大学	工学部　循環環境工学科
長崎大学	歯学部
公立	
国際教養大学	国際教育学部
群馬県立女子大学	リベラルアーツプログラム
横浜市立大学	国際教養学部
宮崎公立大学	人文学部　国際文化学科
名桜大学	国際学群
私立	
札幌大学	地域共創学群リベラルアーツ専攻
獨協大学	国際教養学部言語文化学科

開智国際大学	リベラルアーツ学部
神田外語大学	グローバル・リベラルアーツ学部
麗澤大学	外国語学部
桜美林大学	リベラルアーツ学群
国際基督教大学（ICU）	教養学部
玉川大学	リベラルアーツ学部
津田塾大学	学芸学部国際関係学科
東京女子大学	現代教養学部
東京音楽大学	ミュージック・リベラルアーツ専攻
上智大学	国際教養学部
聖心女子大学	現代教養学部
法政大学	グローバル教養学部
明治大学	政治経済学部
和光大学	全学部
早稲田大学	国際教養学部
慶應義塾大学	環境情報学部・総合政策学部
東海大学	全学部
フェリス女学院大学	全学部
敬和学園大学	人文学部

山梨学院大学	国際リベラルアーツ学部
金城学院大学	文学部リベラルアーツ科目群
名古屋学院大学	全学部
名古屋芸術大学	芸術学部芸術学科
京都女子大学	現代社会専攻
同志社大学	グローバル・リベラルアーツ副専攻
同志社女子大学	全学部
立命館大学	グローバル教養学部
帝塚山学院大学	リベラルアーツ学科
神戸学院大学	全学部
神戸女学院大学	全学部
環太平洋大学	現代経営学科
ノートルダム清心女子大学	全学部
四国学院大学	文学部　人文学科
福岡女学院大学	人文学部　言語芸術学科
立命館アジア太平洋大学	アジア太平洋学部　国際経営学部
宮崎国際大学	国際教養学部
沖縄キリスト教学院大学	英語コミュニケーション学科

新しい形の大学「専門職大学」

「専門職大学」「専門職短期大学」は、特定の職業のプロフェッショナルになるために必要な知識・理論、実質的なスキルの両方を身につけることができる大学です。

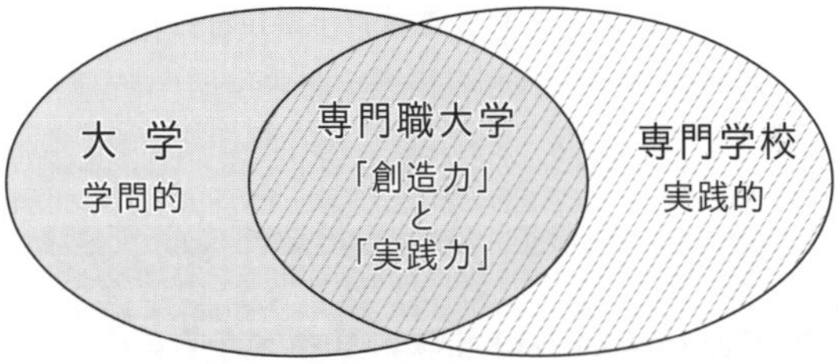

幅広い教養や学術研究の成果に基づく知識・理論とその応用の教育

大学と専門学校の長所を取り入れ、理論に裏付けされた「豊かな創造力」と「高度な実践力」

特定職種の実務に直接必要となる知識や技能の教育

| 修業年限 |

専門職短期大学
2年制または**3年制**

専門職大学
4年制

| 開設が期待される分野 |

農業 **情報** **観光** **医療／保健**

クールジャパン分野
（漫画、アニメ、ゲーム、ファッション、食など）

大学・専門学校の融合

　専門職大学、専門職短期大学では、大学の持つ幅広い教養や学術研究の成果に基づいた知識や理論、専門学校の特定職種の実務に直接必要な知識や技能といった、従来の大学と専門学校の長所を取り入れた授業が行われます。授業の3分の1以上が実習や実技を学ぶこととなっており、原則40人以下の少人数授業で理論と実践をバランスよく学びます。

　卒業すると「学士（専門職）」「短期大学士（専門職）」の学位が授与されます。大学卒（短期大学卒）として就職や大学院進学、留学ができます。

産業界、地域社会との連携

　専門職大学の最大の特長は、実際の企業などと連携して大学が運営されていくことです。カリキュラムは、産業界、地域社会と連携して編成され、学内外での実習も豊富に組まれています。学外での企業・診療所などでの実習は、4年制の場合、通算600時間以上とされており、実際の現場で知識と技術を学んでいけます。

・・・・・・・ 入試試験について ・・・・・・・

　入学試験は大学と同じように、一般選抜、総合型選抜、社会人入試などで選抜されます。しかし、個々の専門職大学、専門職短期大学において、多様な志願者に配慮した入試が行われています。具体的な選抜方法は、各大学が公表する募集要項を確認してください。

専門学校編

全国に 3,000 校以上（令和5年度学校基本調査：文部科学省より）もある専門学校。将来の職業に直結する学習ができるのが特長です。職業に直結するだけに学ぶ内容は、2年間の中にぎっしり詰まっています。専門学校選びに失敗しないためには、体験入学などに参加して、卒業後にある職業や仕事が自分に合うかどうかを考えておくことが大切です。

専門学校の特徴

1 | 専門職の技能習得や資格取得を目指すためのいろいろなカリキュラム。

2 | 実技・実習・演習など実践的な授業が多い。

3 | 選考は書類選考と面接試験が中心。

専門学校で学べる分野と主な学科

工業分野　……日本の産業を支える人材に！……

- ・建設　・土木　・測量　・製図　・電気
- ・電子工学　・情報処理　・情報工学
- ・マルチメディア　・自動車整備
- ・航空整備　・音響技術　・放送技術　等

農業分野　……命と成長を支える仕事！……

- ・農表　・園芸　・畜産　・動物管理
- ・バイオテクノロジー　・生命工学
- ・フラワーテクノロジー
- ・ガーデンビジネス　等

医療分野　……『手に職』といったらこれ！……

- ・看護　・歯科衛生　・鍼灸マッサージ
- ・リハビリテーション　・臨床検査
- ・歯科技工　・診療放射線　・柔道整復　等

衛生分野　……食や美を通して人を喜ばせよう！……

- ・栄養　・調理　・製菓　・製パン
- ・理容　・ヘアメイク　・エステティック
- ・トータルビューティ　等

教育・社会福祉分野　……専門職の求人が急増！……

- ・保育　・幼児教育　・介護福祉
- ・社会福祉　・児童福祉　・老人福祉
- ・精神保健福祉　・言語聴覚士
- ・福祉環境　等

商業実務分野　……ビジネススキルを磨いて社会に出る！……

- ・経理　・税務　・ビジネス　・旅行
- ・観光　・ホテル　・(医療)秘書
- ・経営情報　・ゲーム　・マルチメディア　等

服飾・家政分野　……ファッションが好きな人にぴったり！……

- ・ファッション　・アパレル
- ・スタイリスト　・ディスプレイ
- ・服飾デザイン　・洋裁　・和裁　・染色
- ・手芸　・きもの　等

文化・教養分野　……エンタメなど、多彩なジャンルが充実！……

- ・スポーツ　・映画　・音楽　・演劇
- ・美術　・デザイン　・写真　・語学
- ・法律　・公務員　・マスコミ　・社会体育
- ・動物　・ペット　・環境　・セラピー　等

2年制を中心に、3年制や4年制も

　専門学校は、将来の仕事や職業に直結した学習ができます。専門学校は関連する職業に合わせて8分野に分類されています。昼間部と夜間部があり、働きながら夜間部で学ぶこともできます。修業年限は1年制から4年制で、2年制の学校が約半数を占めますが、高度な専門知識や技能を習得するために設置された3年制や4年制のコースも多くなり、全体の約3割を占めています。

多くの学校が書類選考中心

　専門学校の選考は、多くの学校が書類選考を中心に行っています。提出した書類と面接試験や作文によって選考が行われています。医療、教育、福祉関係の学校では、書類選考、面接試験に加えて学力試験も行われる場合もあります。ほとんどはその時点の学力ではなく、熱意ややる気を重視します。職業にすぐ役立つ力をつけるため、入学後しっかりと学ぶ意志が求められます。

｜専門学校入学までの流れ｜

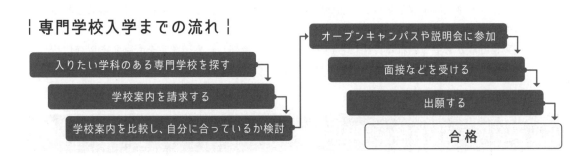

入りたい学科のある専門学校を探す

学校案内を請求する

学校案内を比較し、自分に合っているか検討

オープンキャンパスや説明会に参加

面接などを受ける

出願する

合格

高い就職率と希望進路への実績

　多くの専門学校が専門スキルの習得だけに留まらず、卒業後の就職フォローまで手厚く行っています。入学当初から就職ガイダンスを実施したり、企業と連携した実習やセミナーの開催、就職指導教員を配置するなど、様々な形で学生の就職活動を支援しています。

　大学生が求人サイトなどを通して自分で就職先を探すのに対し、企業から学校に寄せられてくる求人をもとに就職先を決めるのが専門学校の特徴です。そのため専門学校も学生の就職先の開拓に力を入れています。

　専門学校卒業者の就職率は95.7％（令和4年度卒業者）でした。ほとんどの学生が高い確率で就職を果たしています。また、注目すべきなのは「実際に専門学校で学んだ分野で就職している」という点です。「どこでもいいから就職した」のではなく、専門学校入学における目的や目標に沿った進路を着実に実現しているという結果です。下表の通り、多くの分野で7割を超えています。

専門学校の就職率
（専修学校専門課程）

95.7%

文部科学省
「令和4年度大学等卒業者の就職状況調査」

就職した人のうち関連分野の仕事についた割合

工業	農業	医療	衛生
73.5%	81.0%	89.8%	85.7%
教育・社会福祉	商業実務	服飾・家政	文化・教養
89.2%	71.7%	60.4%	56.0%

専門学校全体　75.6%

文部科学省「令和5年度学校基本調査」

資格取得・就職編

　高卒認定は大学や専門学校だけでなく、「手に職をつけたい」「転職や昇給などステップアップしたい」など、資格でその先の就労につなげることもできます。高認合格を条件とする資格試験や採用試験も多数ありますので、チェックしてみましょう。

高認＋実務経験が必要な資格も

　資格（受験資格も含む）の中には、受験に一定の学歴が必要とされるものがあります。その中で「高校卒業」が求められる場合、高認を取得することで受験が可能になることがほとんどです。そのような資格には、高認に合格すればすぐに受験ができるものと、高認合格後一定期間の実務経験が求められるものがあります。すぐに受験が可能な資格には、「海上保安学校学生採用試験」「防衛大学校学生採用試験」など、実務経験が求められる資格には「衛生管理者（高認合格後3年以上の実務経験）」などがあります。

　実務経験が必要とされる資格においては、高認に合格し、高卒認定を受験する以前にその実務に就いていた場合でも、その実務経験はカウントされませんので注意しましょう。

高卒認定試験合格と同時に受験資格が得られる採用試験（例）

- ✓ 国家公務員採用一般職試験（高卒者試験）
- ✓ 海上保安大学校学生採用試験
- ✓ 防衛大学校学生採用試験
- ✓ 航空保安大学校学生採用試験
- ✓ 気象大学校学生採用試験
- ✓ 防衛医科大学校看護学科学生採用試験

高卒認定試験合格後、大学入学を経て受験資格が得られる試験（例）

- ✓ 小学校教員資格認定試験

また、受験資格として指定された養成校等での修業や卒業が必要とされる資格も多くあります。中には指定された養成校等を修了すると自動的に資格を取得できるものもあります。そのような資格の取得を目指すには、まず養成校等に入学しなければなりませんが、その入学資格として「高校卒業」が求められていることがあります。そのような場合でも、高認を取得することが資格取得に向けた第一歩となるわけです。

　例えば看護師になりたいという場合には看護学校などの指定された養成機関での修業が求められますが、そこに入るには高校卒業が求められるため、看護師になるためにはまず高認を取得しなければならないということです。

　このような資格は高認を取ったからといってすぐに資格取得に挑戦できるわけではありません。学生という身分で学校や養成所で学び直すのは、しっかりとした目的意識がなければつとまりません。ただし、ここでしっかりと技能を身につけることで、卒業して資格を取れば即戦力として現場で働くことも可能になります。決して回り道ではなく、自分の夢を叶えるために必要な助走期間と思って一歩一歩進んでいくことが大切。その先にはきっと自分の夢が広がっているはずです。

高卒認定合格後、実務経験によって受験資格の得られる資格（例）

資格名	必要な実務経験
保育士試験	児童福祉施設において、2年以上の勤務（総勤務時間数が 2,880 時間以上）
衛生管理者	3年以上労働衛生の実務に従事
土木施工管理技士2級	4年6ヶ月以上
造園施工管理技士2級	4年6ヶ月以上

※ここに挙げている資格がすべてではありません。

高卒認定合格後、養成機関で学び受験資格を得られる資格（例）

必要な修業時間	資格名
2年以上	栄養士
	社会保険労務士
	歯科技工士
	理容師
	美容師

必要な修業時間	資格名
3年以上	看護師
	診療放射線技師
	臨床検査技師
	理学療法士
	作業療法士
	柔道整復師

高認合格を高校卒業同等とみなしている採用試験、国家資格一覧

（1）採用試験

国家公務員採用一般職試験（高卒者試験）	人事院	防衛大学校学生採用試験	防衛省
皇宮護衛官採用試験（高卒程度試験） （護衛官の区分に限る）	人事院	防衛医科大学校医学科学生採用試験	防衛省
入国警備官採用試験 （警備官の区分に限る）	人事院	防衛医科大学校看護学科学生採用試験	防衛省
税務職員採用試験	人事院	航空学生採用試験	防衛省
航空保安大学校学生採用試験	人事院	衆議院事務局職員採用衛視試験	衆議院
海上保安大学校学生採用試験	人事院	参議院事務局職員採用専門職（衛視）試験	参議院
海上保安学校学生採用試験	人事院	裁判所職員採用一般職試験 （裁判所事務官、高卒者区分）	裁判所
気象大学校学生採用試験	人事院		

（2）国家資格（試験があるもの）

幼稚園教員資格認定試験	文部科学省	1級建設機械施工技術検定試験	国土交通省
小学校教員資格認定試験	文部科学省	2級建設機械施工技術検定試験	国土交通省
高等学校教員資格認定試験（情報）	文部科学省	1級土木施工管理技術検定試験	国土交通省
建築物環境衛生管理技術者試験	厚生労働省	2級土木施工管理技術検定試験	国土交通省
第一種衛生管理者免許試験	厚生労働省	1級建築施工管理技術検定試験	国土交通省
第二種衛生管理者免許試験	厚生労働省	2級建築施工管理技術検定試験	国土交通省
第一種作業環境測定士試験	厚生労働省	1級電気工事施工管理技術検定試験	国土交通省
第二種作業環境測定士試験	厚生労働省	2級電気工事施工管理技術検定試験	国土交通省
職業訓練指導員試験	厚生労働省	1級管工事施工管理技術検定試験	国土交通省
保育士試験	厚生労働省	2級管工事施工管理技術検定試験	国土交通省
普及指導員資格試験	農林水産省	1級造園施工管理技術検定試験	国土交通省
林業普及指導員資格試験	農林水産省	2級造園施工管理技術検定試験	国土交通省
水産業普及指導員資格試験	農林水産省	土地区画整理士技術検定	国土交通省
動物用医薬品登録販売者試験 （都道府県において実施）	農林水産省	浄化槽設備士試験	国土交通省 （環境省と共管）

（3）国家資格（試験がないもの）

司書補	文部科学省	店社安全衛生管理者	厚生労働省
安全管理士	厚生労働省	障害者職業生活相談員	厚生労働省
衛生管理士	厚生労働省	揮発油等の品質の確保等に関する法律（昭和五十一年法律第八十八号）第十四条第一項に規定する経済産業省令で定める資格を有する者	経済産業省
安全管理者	厚生労働省		
安全衛生推進者	厚生労働省	ダム水路主任技術者 （第一種及び第二種）	経済産業省
元方安全衛生管理者	厚生労働省	ボイラー・タービン主任技術者 （第一種及び第二種）	経済産業省
食品衛生管理者	厚生労働省		

高卒認定試験予備校

【高認関連】
通信制高校
サポート校

高認予備校

さまざまな状況の受験生にこたえる

通信制高校
サポート校

　高認を受験する人の状況はさまざまです。高校を中退してすぐの人もいれば、中退してからだいぶ時間がたっている人もいます。また、高校在学中の人もいれば、アルバイトや正社員で時間に余裕のない人、今はひきこもりがちでなかなか外に出られない人もいます。

　しかし、どんな状況だとしても、高認合格を目指す気持ちは一緒。高認予備校も、その気持ちにこたえるため、さまざまな学習形態と合格プランを持っています。

　自分の状況に合いそうな高認予備校を見つけたら、資料請求をしてみたり、教室見学に行ったりと、実際に確かめてみてください。

学校紹介の使い方

❶ 学校の概要

住所や問い合わせ先などの基本情報に加えて、沿革や教育理念などで学校が目指しているものを知れます。

❷ 学校へのアクセス

学校までの道のりや学校周辺の環境、全国にある学習拠点がわかります。

❸ 学校の特色

学校の魅力がまとまっています。

❹ 学習状況

高認合格に向けた学習内容がわかります。

【サポート校】

大成学園
（たいせいがくえん）
（ http://taiseigakuen.net/ ）

- **学院長**：浅葉　孝己（慶應義塾大学　卒）
- **住　所**：〒221-0835　神奈川県横浜市神奈川区鶴屋町3-33-7　横浜 OS ビル 3 階
- **電　話**：045-313-1359
- **最寄駅**：JR 線等「横浜」駅 西口下車、徒歩 5 分
- **創立年**：2020 年
- **教育理念**：

時代は昭和・平成を駆け抜け、令和となりました。世界中を巻き込んだ新型コロナウイルスの感染を避けるため、多くの学校では授業形態が変わりました。未曽有の社会情勢の変動中、不安を抱えた現代の高校生は大きな不安を持つようになっています。特に色々な悩みを乗り越えてきた通信制高校生にとっても大きな指針が必要になっています。引きこもりを避け、できるだけ多くの方と触れ合う大切さ、仲間、友人を持つ楽しさを知ることは自立への第一歩として支援します。今は、他の高校生に比べて未熟な点が多いが、時間をかけ、切磋琢磨し、自分の特技や資格を身につければいずれ成功者になっています。このような大きな夢を持った大器晩成型の生徒にも支援していく学校づくりをしていきます。

【学習システムの特徴】

【カリキュラムの特徴】
- 大学進学コースあり
- 週 3 回個別指導型あり
- 不登校生もサポート
- 発達障がい児・者への支援コースあり
- 費用が少ない
- ダブルディプロマ

【特別講習】
高認試験に 5 月・11 月に合格するための特別講習を実施。大学受験希望の方には、並行して受験科目についての特訓を実施。

【設置クラス】
- **全日総合クラス（週 3・5 日制）**
週 3 日制：各学習センターに通い、レポート作成のほか、高校生にふさわしい能力・学力を養成するとともに、将来の進学・就職まで見据えた学習を行います。中学校までの復習ができる科目を 1 年生に組み込んでいるので、基礎学力を固めることができます。
週 5 日制：週 3 日制に、2 日を加えたコース。加えられた 2 日は、高校 1・2 年次には、中学校時代の基礎学力を高めるためのプログラムを個別に作成し、基礎・基本の定着をはかります。高校 3 年次には、大学受験（AO 入試や推薦入学対策講座など）や就職試験等の一般教養やビジネススキル定着のための学習・実習も行います。
- **個別指導クラス**
学習拠点は全日総合クラスの 3 校のほか、ご相談のうえ受講できます。
集団コースが苦手な方など、少人数の個別指導で学習を行うコースです。
- **学習支援コース**
週 5 日制、県内 16 教室利用の学習支援コース。
全日総合コースに加えて、完全個別プログラムの特別授業を含む週 5 日の学習支援授業を併用した、基礎学力の定着、及び生活力の向上を目的としたカリキュラムを行うコースです。教室には専門支援員が常駐しています。

❶ 学校の概要

❷ 学校へのアクセス

学校へのアクセス

❸ 学校の特色

特色　当校は、いじめ・不登校・学校が合わないなどの理由で、「学校に通学できなくなった」などの挫折感を味わった子どもたち、卒業不振で悩まされている子どもたちや支援級の生徒だったり、発達障がいがあったとしても、将来の目標として高卒取得資格のための学校作りを目的としています。通信制高校の特徴を活用し、通学して卒業し、その後のステップアップ（大学進学や専門学校）を目標とする進路や就職）のための努力作りをする高等教育機関です。個々の生徒の能力や目標に合わせたコース（週 3 回、5 回）、個別指導コース、学習支援コース（障がい対応）など多くのコースを用意しております。

当校は、年々増加している不登校の生徒や高校中退者達に「リベンジ（復活）の大切さ」を教え、伝えながら多感な生徒達の潜在的な能力や個性を引き立て、多種多様である人生のスタートラインに偏らを再び立たせたいと考えています。その実現のため主要科目（英・数・国）などの基礎学習指導や発展的な大学受験のための内容の濃い授業まで生徒の個々の実力と目標に合わせたメニュー作りをしています。

❹ 学習状況

86

収録校

※校名の下は関連ページです

P.80　河合塾 COSMO

P.82　J-Web School
　高認の先輩 Interview ・・・　P.5
　自分に合った高認予備校　・・P.36
　模擬試験を受けよう！・・・　P.108

P.84　J-School

P.86　大成学園
　高認の先輩 Interview ・・・・　P.6

P.88　トライ式高等学院
　高認の先輩 Interview ・・・・　P.7
　自分に合った高認予備校　・・P.38

P.90　代々木グローバル高等学院

P.92　沖縄グローバル高等学院

補習
個別に、必要に応じて補習しています。

進学指導
将来の進学・就職を見据えた学習を行います。主要科目（英・数・国）は基礎学習指導や発展的な大学受験のための内容まで対応し、生徒の個々の実力と目標に合わせた学習作りをしております。

生活指導
服装は自由ですが、学校指定の制服もあります。

生 徒 情 報

【心理面の相談】
長年の指導実績のある教務スタッフが常に相談に応じます。

【いじめ対策】
遅刻・欠席時の電話連絡等、頻繁に御家庭と連絡をとっています。学期ごとに三者面談を実施しています。

【生徒数】
＜出身別＞

区　分	高校中退者	中学卒業者	その他	合　計
構成比	50%	50%	－ %	100%

【教員数】
常勤講師：男性5名、女性5名
非常勤講師：男性3名、女性3名
専任カウンセラー：常時5名の教務スタッフが指導

2023 年度の行事

月	4月～6月	7月～9月	10月～12月	1月～3月
行事	入学式・前期スタート 遠足 英検・漢検	校内スポーツ大会 前期試験対策講座 前期単位認定試験 夏季集中スクーリング（7・9月）	後期スタート 英検・漢検 スタンプラリー バーベキュー大会 遠足 校内スポーツ大会 クリスマス会	冬期講習 冬期集中スクーリング 後期試験対策 後期認定試験 終業式・卒業式 春季講習

募集・実績と進路状況

募集について
募集対象：① 2024年3月に中学校卒業見込みの生徒
② 中学校を既に卒業した生徒
出願期間：2023年10月1日～2024年3月29日
選抜方法：面談によって受験生の能力、適性、将来の夢や目標から総合的に御生徒、受験生が本校に通するかを人物重視で選抜します。
入学時の特徴：実施していません。目的・目標を聞き個別にカリキュラムを作成します。
選考料：10,000円
※詳しくは、お問い合わせのうえ、学校説明会もしくは、個別相談会にご参加ください。

学費について
（週3回・5回コース）
入 学 金：無料
教材費等：15,000 円（税別）一月
授 業 料：週3回…380,000 円（税別）／年
　　　　　週5回…560,000 円（税別）／年
（注）大学受験コースは別途費用が必要です。8月合格者は、9月以降費用を大学受験コースに移行できます。

進路状況（過去3年間）
基礎力のない生徒を1年間で見事、下記大学に合格させました。

早稲田、慶應義塾大、上智大…12名
明治大、中央大、立教大、青山学院大、法政大　等…25名
日本大、東洋大、駒澤大、専修大　等…40名
その他中堅大…20名
その他短大…50名

卒業後の進路
ほとんどの生徒が大学進学をめざします。当校の推薦のある大学もあります。

日本大、国士館大、指定校推薦あり

＜学校の施設＞

校 舎 面 積	180㎡		
保 健 室	なし	図 書 室	なし
職 員 室	あり	ラウンジ	あり
自 習 室	あり	カウンセリング室	なし

◇◇◇◇◇◇◇◇ この学校にアクセスしてみよう！

学校説明会	入学前電話相談	文化祭見学	体育祭見学	遠隔地からの生徒の入学
○	○	○	○	○

※資料は電話・ハガキ・ホームページ等で請求して下さい。4回の無料体験授業を実施しています。

❺ 詳細情報
生徒数や講師数、サポート対応などより詳しい学校の体制を知れます。

❻ 募集について
コースや学費について掲載されています。

❼ 高認実績と進路状況
高認合格率や合格後の進路状況がわかります。

都道府県タグの見方

【東京】
校舎のある地域を黒で色付けしてあります。

★マーク
本校所在地を表しています。

【学校への

北海道
青森
岩手
宮城
秋田
山形
福島
茨城
栃木
群馬
埼玉
千葉
東京 ★
神奈川
新潟
富山
石川
福井
山梨
長野
岐阜
静岡
愛知
三重
滋賀
京都
大阪
兵庫
奈良
和歌山
鳥取
島根
岡山
広島
山口
徳島
香川
愛媛
高知
福岡
佐賀
長崎
熊本
大分
宮崎
鹿児島
沖縄

【サポート校】【大学受験予備校】

河合塾COSMO（東京校）

（ かわいじゅく コスモ とうきょうこう ）

（ https://www.kawai-juku.ac.jp/cosmo/kanto/ 　 E-mail：cosmo@kawaijuku.jp ）

■住　所：〒160-0023　新宿区西新宿 7-14-7 河合塾新宿校別館

■電　話：0120-800-694

■ＦＡＸ：03-5331-7582

■最寄駅：JR 線「新宿」駅西口下車、徒歩 7 分
　　　　　西武新宿線「西武新宿」駅下車、徒歩 5 分

■創立年：1988 年

■教育理念：
一つの基準のなかだけで物を考えることをやめよう。人にはさまざまな生き方と人生があり、他人の持っているその可能性を認めあおう。COSMO が大切にしているのは「自由・自主・自律」です。

■運営母体【設立法人】：
名　称：学校法人河合塾　　　代表者：河合　英樹
所在地：〒464-8610　愛知県名古屋市千種区今池 2-1-10
電　話：052-735-1588
（主な事業）進学事業。大学受験科（高卒生コース）、
小・中・高の現役生コース、芸大進学コース、専門学校、
模擬試験（小、中、高、高卒用）実施運営、その他。

■運営母体との提携関係：
COSMO の大学受験希望者は成績基準をクリアすることにより河合塾大学受験科新宿校（高卒生）の授業を無料で受講することができます。また、必要な公開模擬試験も自由に受験できます（事前申込が必要）。

【学校へのアクセス】

河合塾 COSMO では各自の様々な状況に対応できるような幅広いカリキュラムを用意。担当フェローと相談しながら各自の時間割を編成していきます。

【大学受験むけの学習指導】
COSMO では大学受験対策講座を設置しており、担当フェローと相談しながら時間割を組みます。また、指定の学力診断テストの成績をクリアすれば、必要に応じて大学受験科（新宿校）の授業が受講可能です。河合塾実施の公開模擬試験（全統模試）が無料で受験でき、受験大学決定面談なども希望に応じて実施します。また、大学入試情報や共通テスト出願に関するガイダンスも随時実施します。

【関連コース】
https://www.kawai-juku.ac.jp/konin/

【学習状況】

【カリキュラムの特長】
中学、高校内容の学習から高卒認定・大学受験対策まで幅広い教科別講座を設置。また自分のやりたいことを見つけることができる様々なテーマ別ゼミ講座を開設。それらのなかから自分のペースで自由に選択できるカリキュラム。

【入塾時の学力検査】
実施していません。

【公開模擬試験】
事前申込を行うことにより、無料受験できます。（河合塾主催の全統模試）

【校内テスト】
実施していません。

【夏期・冬期・春期特別授業】
高卒認定試験直前対策講座。大学受験対策講座等。

▼個別相談会　随時、相談に対応します。なお、体験受講も可能です（電話にてご連絡ください）。

| 併修生 | 通信制高校との併修生が在籍しています。大学受験にむけて体系的に学力を養成していくとともに、高校での授業及びレポートのフォローを行っています。 |

| 補習指導 | 少人数グループ学習、個別学習を行っています。個別対応の他、高卒認定用学習会や大学受験用のフォローアップも充実。 |

生徒情報

【心理面の相談】
講師・フェローなどのスタッフが随時個別の相談に対応します。

【保護者との連絡】
随時、保護者からの相談に対応。状況に応じて電話・個別相談を実施しています。保護者会は年に3回実施。
また、保護者どうしの情報交換の場として年に数回、茶話会を実施しています。

【教員数】
講師：男性27名、女性2名
生徒指導補佐：常駐している（12名）
　　　　　　　名称・フェロー
専任カウンセラー：予備校常駐

【生徒数】

＜出身別＞

区　分	高校中退者	中学卒業者	その他	合　計
構成比	40.0%	5.0%	55.0%	100%

※その他は、高卒者、定時制または通信制高校生など高校在学者

＜年齢別＞

年齢	16歳	17歳	18歳	19歳	20歳	21歳以上	合計
構成比	10.9%	18.0%	29.6%	18.0%	8.3%	14.8%	100%

※男女構成　男子55.0%　女子45.0%

2024年度の行事（予定）

月	4月～6月	7月～9月	10月～12月	1月～3月
行事	入塾オリエンテーション（4月） Ⅰ期レギュラー授業（4月～）	高卒認定対策直前講座 第1回高卒認定試験（8月） 夏期特別授業（7月～8月） Ⅰ期レギュラー授業（～7月） Ⅱ期レギュラー授業（9月～）	Ⅱ期レギュラー授業（～12月） 第2回高卒認定試験（11月） 冬期特別授業（12月～）	Ⅲ期レギュラー授業（1～3月） 冬期特別授業（～1月） 春期特別授業（3月）

募集、実績と進路状況

高認実績	＜高認実績＞（2023年　第1回・第2回合算）		
	高　認 受験者数	一部科目 合格者数	全科目 合格者数
	31名	14名	17名

学費について

入塾金：　100,000 円

	＜18歳以上＞	＜17歳以下＞
授業料：	990,000 円	970,000 円
合　計：	1,090,000 円	1,070,000 円

※ 2024年度

2022～2023年度入試合格実績

一橋大、千葉大、東京学芸大、岐阜大、三重大、早大、慶大、上智大、東京理科大、名大、青学大、立大、中大、法大、学習院大、早大、立命館大、関西学院大、南山大
ほか、医療・看護系、理系、教育・心理系、社会・国際系など多数

＜学校の施設＞

校 舎 面 積	－ m²	自 習 室	あり
保 健 室	あり	カウンセリング室	あり
教 務 室	あり	ラ ウ ン ジ	あり

【インターネット高卒認定試験予備校】

J-Web School

(https://www.j-webschool.net/　E-mail : info@j-webschool.net)

■校長名：大石　彩夏
■住　所：〒112-0002　東京都文京区小石川 2-3-4　第一川田ビル
■電　話：0120-142359（一緒にさぁ、合格）
■最寄駅：丸ノ内線「後楽園」駅下車、徒歩３分
■沿　革：1984 年　大検通学予備校、大検受験センターとして開校
　　　　　1988 年　本科コース（1 年）以外にロングランコースを開設
　　　　　1990 年　短期集中コースを開設
　　　　　2000 年　通学部門からＷｅｂ学習に全面転換、それに伴い
　　　　　　　　　（株）ジュテームを設立し J-Web School として４月
　　　　　　　　　より開学する
　　　　　2003 年　大阪校 開校

■教育理念：
　私たちは、学習者自身が主体性のある、知的な好奇心を持った、知的探求心のある人になっていただけるよう、最新の情報テクノロジーの活用とヒューマニティーを融合し、学習支援をしていきます。

■運営母体：
　名　称：（株）ジュテーム　　代表者：植田　宗治
　所在地：〒112-0002　東京都文京区小石川 2-3-4　第一川田ビル 4F
　電　話：03-5800-0523　　FAX：03-5800-0524
　（主な事業）インターネットスクール事業、ラーニングシステム開発事業、出版事業（Ｊ - 出版）

【学校へのアクセス】　　　　　　　　　東京本部

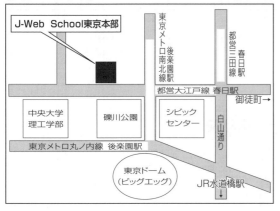

　　J-Web School は、従来の通信教育を超えたまったく新しい学びの場です。講義受講から問題演習、質問対応、カウンセリングまでを学ぶ上でやり取りする完全オンライン学習である e-learning を採用した日本で最初のインターネット高認予備校です。
　講座システムは単に問題演習を繰り返すだけの学習ではありません。Ｗｅｂ上で講義を聞きながら理解を深めていけます。
　しかも、パソコンに向かえばそこが貴方だけの教室。自分の都合に合わせてできるので、忙しい方に最適な講義と言えます。
　特に通信教育において悩まれるのが、「継続力」とか「自己管理」だと考えますが、当スクールでは、完全オンラインシステムを取っていますので、学習者のみなさまの学習進度状況に応じてメールや電話によるアドバイスを行っています。
　最新の情報テクノロジーとヒューマニティを融合させ、従来の学校と言う枠にとらわれないまったく新しい学びの場『J-Web School』を通じ、多くのみなさまに学習支援して参ります。

学習状況

【カリキュラムの特長】
J-Web School のカリキュラムシステムは、講義受講、問題演習、解答・解説、質疑応答、学習進捗状況の把握と個別アドバイス・カウンセリング、受験ガイドなどすべてをネット上で展開しています。また、受講生一人ひとりに担当のサポーターがつき、Ｅメールなどを使い、キメ細かくサポートしています。学習プログラムは、ステップ別に①項目全体の学習の重要ポイントをチェックし、内容説明の理解を重点に行う②単元学習した類似問題をヒントを交え特訓する③ヒント無しの実力テスト④学習進度に合わせて過去問中心に徹底的に消化・演習する「実践演習」で構成、個々の理解度に合わせた反復練習や学習計画・管理など効率・効果的なマイペース学習を図れるシステムになっています。

【入学時点の学力検査】
実施していません。

【公開模擬試験】
公開模擬試験を実施しており、試験の料金は、授業料に含まれています。
実施のねらいは、不得意科目の確認、合否の予想、今年度の出題傾向の予想と対策です。

【校内テスト】
Web サイト上で実施しています。

【ネット生講義】
ネットコミュニケーションツールを使った講師によるネット生講義を任意に実施しています。

＜学校の施設＞ ※但し、いずれもサイバー上です。

校舎面積	－m²	図書室	なし
保健室	なし	ラウンジ	なし
職員室	あり	カウンセリング室	あり
自習室	なし		

その他施設…博物館、掲示板

この学校にアクセスしてみよう！

学校説明会	入学前電話相談	文化祭見学	体育祭見学	遠隔地からの生徒の入学
○	○	－	－	○

※資料は、弊スクールホームページ上の入力フォーム、メール、電話、ファックス、ハガキ等でご請求して下さい（無料送付）。遠隔地からの入学希望者は、ご自宅がスクールとなるため、全国どこからでも入学できます。但し、環境としてパソコンが必要となります。

▼学校見学　　Ｗｅｂサイト上にサイバースクールをアップしていますので、何時でも、入室できます。

講師

常勤講師：男性 6名、女性 3名
非常勤講師：男性 2名、女性 3名
専任カウンセラー：専門家にアウトソーシングしています
生徒指導補佐：1名常駐しています

生徒

<出身別>

区　分	高校中退者	中学卒業者	その他	合　計
構成比	66%	29%	5%	100%

<年齢別>

年　齢	10代	20代	30代以上	合　計
構成比	33%	35%	32%	100%

<地　域>

区　分	北海道	東北	北陸	関東	中部
構成比	3%	8%	3%	45%	10%

区　分	近畿	中国	四国	九州	海外
構成比	18%	3%	2%	5%	3%

併修生

併修生のための指導を行える体制をとっています。

補習

ウェブサイト上の学習を行っていただくと、当スクールの担当が、学習履歴（単元学習の進度、設問、問題演習）の出来不出来や進捗ペースを把握できるので、状況に応じて電話、メール、ファックスを使ってフォローを行っています。
ネット生講義により苦手科目について直接指導を受けられる体制になっています。

心理面の相談

専門カウンセラーや、担任などのスタッフが相談に応じています。

保護者との連絡

状況に応じて、実施しています（具体的には各個人により頻度が異なります）。
連絡方法は、メール配信または郵送により実施致しますが、場合によっては電話によって行うようにしています。

その他

通信環境（インターネット接続環境）、及びパソコン環境のない方はご相談ください（但し、紹介）。

2024年度の行事

月	4月〜6月	7月〜8月	9月	10月〜12月
行事	第1回受験願書配布　　　（4月） 第1回受験相談　　　　　（5月） 第1回受験願書指導　　　（5月） 公開模擬試験　　　　　（5、6月）	直前対策　　　　　　　　（7月） 第2回受験願書配布　　　（8月） 第1回合否判定会　　　　（8月） 第2回受験相談　　　　　（8月） J-Web School 交流会　　（8月）	第1回合格発表　　　　　（9月） 第2回受験願書指導　　　（9月） 公開模擬試験　　　　　　（9月）	公開模擬試験　　　　　（10月） 第2回合否判定会　　　（11月） 第2回合格発表　　　　（12月）

高認実績・進路状況

高認実績

<高認実績>
（2023年　第1回・第2回合算　2024年3月末現在）

高　認 受験者数	一部科目 合格者数	全科目 合格者数
215名	24名	191名

<高認合格後から大学・短大入学までの学習期間>

半年	1年半	2年半	3年以上
－ %	－ %	－ %	－ %

【大学受験向けの学習指導】

進学対策として「大学進学コース」及び「小論文・出願対策コース」を別途開設しています。
「大学進学コース」は進路にあわせてコースを選べ、必要な科目についてインターネット上で学習していただける内容です。自宅にいながら学習していただくことができます。
また「小論文・出願対策コース」は小論文を書くために必要な基礎をしっかりと学んでいただく「基礎講義」、その後、基礎講義で学んだ知識をもとに実際に文章を書いていく「課題練習」、それを添削していく「添削指導」にわかれていてネットコミュニケーションツールを使い、1対1でしっかりと指導していきます。個別指導なので、志望校に合わせた指導が行え、個人の状況に合わせて内容・日程も決めていきます。短期間で実力をつけていただける濃厚な内容になっています！

学費について

2024年度受験向コース

コース名	フルサポートコース	シンプルコース
全8科目受講の場合	233,200 円	127,600 円

※上記の料金は全8科目受講の場合（1年間有効）
※すべて消費税込みです。
※入学金・教材費込。
※受講科目数により受講料は異なります。（詳細はご確認下さい）
※その他、完全合格コース、海外留学コース、科目履修コースも設置。また、期間限定での短期集中コース、直前対策コース等、ニーズにあわせたコースを設置しています。

卒業後の進路

《2023年》判明分（合算）

卒業者　　　　　　　　191名
大学　　　　　　　　　57名
専門学校　　　　　　　71名
社会人・予備校・その他　63名

進学先

ロンドン大、カリフォルニア大、オークランド大、クライストチャーチポリテクニック大、マッセー大、マッコリー大、大阪大、一橋大、広島大、福島大、金沢大、早稲田大、慶應義塾大、上智大、中央大、明治大、関西大、大東文化大、東海大、東洋大、日本大、大正大、近畿大、獨協大、立正大、法政大、和光大、大阪学院大、明星大、九州産業大、関西外国語大、大阪産業大、広島工業大、広島経済大、女学院大、広島修道大、広島電機大、千葉工業大、創価大、摂南大、千葉経済大、仁愛大、大阪外国語大、九州東海大、聖徳大、山陽女子大、大阪国際大、呉大、東京造形大、産業能率大、京都産業大、日本福祉大、安田大、東京家政大 その他多数

【個別指導の高卒認定指導校】

J-School

(https://www.j-school.info　E-mail : info@j-school.info)

■**本部事務局**：〒112-0002　東京都文京区小石川 2-3-4
　　　　　　　　　　　　　　　　第一川田ビル
■**電　話**：0120-934-670（総合受付）
　　　　　　※発信地域の最寄の教室につながります。
■**本部校**：丸ノ内線・南北線「後楽園」駅下車、徒歩 3 分
■**創立年**：2010 年 4 月
■**教育理念**：
　J-School の教育方針、それは「受講生一人ひとりの学力・個性
に応じた教育指導を行う」ことにあります。その考えを具現化
したのが個別指導というスタイルです。
　個々のペースを見極めながら、目標・目的を達成させるための
学習指導を行います。
■**運営母体**：
　名　称：（株）ジュテーム　代表者：植田　宗治
　所在地：〒112-0002　東京都文京区小石川 2-3-4 第一川田ビル
　電　話：03-5800-0523　　FAX：03-5800-0524
　（主な事業）スクール（J-Web School・J-School）、出版（J-出版）、
　　　　　　　システム（J-system）

【学校へのアクセス】

ONLINE

全国の拠点
2 カ所

学習状況

【学習概要】
　高卒認定合格は何と言っても、基本をシッカリ押さえ
ていただき、試験レベルの応用へと段階的に学習してい
ただくことが大切となります。J-School では段階学習を
重視し、基礎学習期→応用学習期→総合学習期→
公開模擬試験→直前対策期と大きく 5 段階の段階学習
を基本に致しております。

基礎学習期
　中学からの復習も含め確実な基礎力養成を目指しま
す。

応用学習期
　基礎学習完成後、頻出問題を単元毎に 3 段階のレベ
ルに分けステップアップしていただきます。

総合学習期
　単元毎の頻出問題 3 段階レベルが修了後、本試験形
式の総合問題をしていただき、本試験への対応を確
実なものとしていきます。

公開模擬試験
　本試験直前に、これまでの学習の総仕上げとして、
本試験に準拠した模擬試験に取り組むことにより、
理解が不十分であったり、あいまいな部分をチェッ
クし、本試験までに修正し、確実に解答できるよう
にしていただきます。

直前対策期
　直前対策では、確実に合格点を確保するために必須
の知識を再確認、欠落していた知識、あいまいな箇
所のチェック及び修正をしていきます。

　J-School は「受講生一人ひとりの学力・個性に応じ
た教育指導を行う」個別指導というスタイルの学校で、
個々のペースを見極めながら、目標・目的を達成させ
るための学習指導を行います。

通学個別指導だから・・・

・中卒からアルバイト・パート・主婦・OL・会社員など社会人
　まで
・一斉授業にはない、自分のレベルに合った学習ができます。
・朝・昼・夕・夜など自分の都合に合った曜日・時間帯が選べ
　ます。
・個別指導だからできる細かなサポート・振替指導ができる。
・他人を気にせず、わかるまで徹底的に集中して学習できる。
・仕事や家庭、アルバイト、パートとも両立でき、ムリなく、
　ムダなく学習できます。

<table>
<tr><td>**講師**</td><td>専任講師が受講生一人ひとりとコミュニケーションを取り、学習の相談から大学・専門学校などの進学指導まできめ細かく対応していきます。</td></tr>
</table>

| **講師** | 専任講師が受講生一人ひとりとコミュニケーションを取り、学習の相談から大学・専門学校などの進学指導まできめ細かく対応していきます。 |

| **併修生** | 通信制高校との併修もできます。必要に応じて、レポートなどのサポートも行っております。 |

| **補習** | 担当の講師がいますので、いつでも質問できます。授業前や後、また授業がない日でも自習室があるので、予約をすれば、自宅で勉強できない方でも学習できます。 |

| **心理面の相談** | 担当講師が毎日常駐していますので、生活また精神面等の悩み、また進路などに関する相談など気軽にご相談ください。 |

| **保護者との連絡** | 学習・出席状況の報告や、ご要望により出席・退席のメール連絡を行っております。特に未成年の方の場合は受講生本人だけではなく、保護者とのコミュニケーションも心がけております。 |

【生徒数】

＜出身別＞

区　分	高校中退者	中学卒業者	その他	合　計
構成比	66%	23%	11%	100%

※その他は、高卒者、定時制または通信制高校生

＜年齢別＞

年齢	15〜20歳	21〜30歳	31歳〜	合計
構成比	39%	39%	22%	100%

※男女構成　男子25%　女子75%

【教員数】
専任講師が受講生一人ひとりとコミュニケーションを取り、学習の相談から大学・専門学校などの進学指導まできめ細かく対応していきます。

2024年度の行事

月	4月〜6月	7月〜9月	10月〜12月	1月〜3月
行事	公開模擬試験	公開模擬試験 直前対策 合否判定会 J-School 交流会 進路ガイダンス	公開模擬試験 直前対策 合否判定会 J-School 交流会	合格祝賀会 進路ガイダンス

高認実績・進路状況

募集について

募集人員：各キャンパスにより異なります。お問合せください。

受講資格：1. 中学校を卒業した方(状況により中学在学の方、未卒業の方も対応致しております。)
2. 高校を中途退学した方
3. 高校在学中（全日制・通信制・定時制）で高卒認定を受験する方
基本は受験年度に16歳以上になる方であれば受講できます。

出願期間：個別指導ですので、随時受付致しております。
※ただし高校卒業を目指す方は入学時及び編入時がございますので、その際はあらかじめご確認ください。

選考料：なし

選考方法：特に行っておりません。

進路状況

日本や海外に展開している姉妹校のインターネット高卒認定予備校「J-Web School」においてロンドン大学、カリフォルニア大学、クライストチャーチ工科大学、また大阪大学・一橋大学をはじめ難関国立大学、私立難関大学（早稲田・慶應）ほか有名私立大に多数の合格者を輩出しています。

学費について

受講料は消費税のほか、教材その他資料代を含めております。なお、受講料金はコースおよびお支払い方法等によって異なります。案内書でご確認下さい。

◆留学コースも併設
J-Schoolでは高卒認定資格を通じて、海外の大学進学支援も実施致しております。
提携校の語学学校（ニュージーランド、カナダ、マレーシア）で語学を習得し、確実な海外進学を目指しています。詳細はお気軽にお問合せください。

【サポート校】

大成学園
（たいせいがくえん）

(http://taiseigakuen.net/)

■学院長：浅葉　孝己（慶應義塾大学　卒）
■住　所：〒221-0835　神奈川県横浜市神奈川区鶴屋町 3-33-7
　　　　　横浜 OS ビル 3 階
■電　話：045-313-1359
■最寄駅：JR 線等「横浜」駅 西口下車、徒歩 5 分
■創立年：2020 年

■教育理念：
　時代は昭和・平成を駆け抜け、令和となりました。世界中を巻き込んだ新型コロナウイルス感染を避けるため、多くの学校では授業形態が変わりました。未曾有の社会生活の変動の中、不安を抱えた現代の高校生は、将来へも大きな不安を持つようになっています。特に色々な悩みを乗り越えてきた通信制高校生にとっても大きな指針が必要になっています。引きこもりを避け、できるだけ多くの方と触れ合う大切さ、仲間、友人を持つ楽しさを知ることは自立への第一歩として支援します。今は、他の高校生に比べて未熟な点が多いが、時間をかけ、切磋琢磨し、自分の特技や資格を身につけいずれ成功者になっていく。このような大きな夢を持った大器晩成型の生徒にも支援していく学校づくりをしていきます。

【学校へのアクセス】

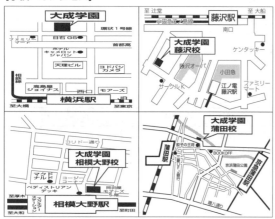

　当校は、いじめ・不登校・学校が合わないなどの理由で、"学校に通学できなくなった"などの挫折感を味わった子どもたち、学業不振で悩まれている子どもたちや支援級の生徒だったり、発達障がいがあったとしても、将来の目標として高卒取得挑戦のための学校作りを目的としています。通信制高校の単位を無事取得し、通学して卒業し、その後のステップアップ（大学進学や専門学校を目標とする進路や就職）のための努力を併用して行う高等教育機関です。個々の生徒の能力や目標に合わせ、全日総合コース（週3回、5回）、個別指導コース、学習支援コース（発達障がい児対応）など多くのコースを用意しております。

　当校は、年々増加している不登校の生徒や高校中退者達に"リベンジ（復活）の大切さ"を教え、伝えながら多感な生徒達の潜在的な能力や個性を引き出し、夢や希望のある人生のスタートラインに彼らを再び立たせたいと考えています。その実現のため主要科目（英・数・国）などの基礎学習指導や発展的な大学受験のための内容の濃い授業まで生徒の個々の実力と目標に合わせたメニュー作りをしています。

学習システムの特徴

【カリキュラムの特長】
・大学進学コースあり
・週3回・5回通学型あり
・不登校生もサポート
・発達障がい児に学習支援コースあり
・費用が安い
・ワンディコースあり

【特別講習】
高認試験に8月・11月に合格のための特別講習を実施。大学受験希望の方には、並行して受験科目についての特訓を実施。

【設置クラス】
・全日総合クラス（週3・5日制）
週3日制：各学習センターに通い、レポート作成のほか、高校生にふさわしい能力・学力を養成するとともに、将来の進学・就職までを見据えた学習を行います。中学校までの復習ができる科目を1年生に組み込んでいるので、基礎学力を固めることができます。
週5日制：週3日制に、2日を加えたコース。加えられた2日は、高校1・2年次は、中学校時代の基礎学力を高めるためのプログラムを個別に作成し、基礎・基本の定着をはかります。高校3年次には、大学受験（AO入試や推薦入学対策講座など）や就職試験等の一般教養やビジネススキル定着のための学習・実習も行います。
・個別指導クラス
学習拠点は全日総合クラスの3校のほか、ご相談のうえ実施できます。集団コースが苦手な方など、少人数の個別指導で学習を行うコースです。
・学習支援コース
週5日制。県内16教室利用の学習支援コース。全日総合コースに加えて、完全個別プログラムの特別授業を含む週5日の学習支援授業を併用した、基礎学力の定着、及び生活力の向上を目的としたカリキュラムを行うコースです。教室には専門支援員が常駐しています。

補習

個別に、必要に応じて補習しています。

進学指導

将来の進学・就職までを見据えた学習を行います。主要科目（英・数・国）などの基礎学習指導や発展的な大学受験のための内容の濃い授業まで、生徒の個々の実力と目標に合わせたメニュー作りをしております。

生活指導

服装は自由ですが、学校指定の制服もあります。

【生徒数】
＜出身別＞

区　分	高校中退者	中学卒業者	その他	合　計
構成比	50%	50%	－ %	100%

【教員数】
常勤講師：男性5名、女性5名
非常勤講師：男性3名、女性3名
専任カウンセラー：常時5名の教務スタッフが指導

2023年度の行事

月	4月〜6月	7月〜9月	10月〜12月	1月〜3月
行事	入学式・前期スタート 遠足 英検・漢検	校内スポーツ大会 前期試験対策講座 前期単位認定試験 夏季集中スクーリング（7・9月）	後期スタート 英検・漢検 スタンプラリー バーベキュー大会 遠足 校内スポーツ大会 クリスマス会	冬期講習 冬期集中スクーリング 後期試験対策 後期認定試験 終業式・卒業式 春季講習

募集・実績と進路状況

募集について

募集対象：① 2024年3月に中学校卒業見込みの生徒
　　　　　②中学校を既に卒業した生徒
出願期間：2023年10月1日〜2024年3月29日
選抜方法：面談によって受験生の能力、適性、将来の夢や目標から総合的に審査し、受験生が本校に適するかを人物重視で選抜します。
入学時の学力検査：実施していません。目的・目標を聞き個別にカリキュラムを作成します。
選考料：10,000円
※詳しくは、お問い合せください。
※学校説明会もしくは、個別相談会にご参加ください。

学費について

（週3回・5回コース）
入学金：無料
教材費等：15,000円（税別）／月
授業料：週3回…380,000円（税別）／年
　　　　週5回…560,000円（税別）／年

（注）大学受験コースは別途費用が必要です。8月合格者は、9月以降費用を大学受験コースに移行できます。

進路状況（過去3年間）

基礎力のない生徒を1年間で見事、下記大学に合格させました。

早稲田大、慶應義塾大、上智大…12名
明治大、中央大、立教大、青山学院大、法政大　等…25名
日本大、東洋大、駒澤大、専修大　等…40名
その他中堅大…70名
その他短大…50名

卒業後の進路

ほとんどの生徒が大学進学をめざします。当校の推薦のある大学もあります。

日本大、国士舘大、指定校推薦あり

＜学校の施設＞

校舎面積　　180m²
保健室　　　なし　図書室　　　なし
職員室　　　あり　ラウンジ　　あり
自習室　　　あり　カウンセリング室　なし

◇◇◇◇◇◇◇◇◇◇ この学校にアクセスしてみよう！

学校説明会	入学前 電話相談	文化祭見学	体育祭見学	遠隔地からの 生徒の入学
◯	◯	◯	◯	◯

※資料は電話・ハガキ・ホームページ等で請求して下さい。4回の無料体験授業を実施しています。

【サポート校・高認予備校】

トライ式高等学院
（しきこうとうがくいん）

(https://www.try-gakuin.com E-mail：try-gakuin-info@trygroup.com)

【学校へのアクセス】

全国の拠点 123カ所

トライ式高等学院は通信制高校の中で大学進学率 No.1 ※

＜トライ式だからできる、一人ひとりの夢や目標の実現！＞

◆一人ひとりの夢や目標をかなえる

「家庭教師のトライ」で培ってきたマンツーマン授業のノウハウを活かし、お子さま一人ひとりの夢や目標の実現に向けてマンツーマンでサポートします。高卒認定試験合格はもちろんのこと、その先の進路までサポート。大学受験対策や就職に向けたキャリア教育も充実しています。当学院の強みは、全教職員が「ご家族やお子さまの夢や目標の実現を絶対にあきらめないこと」。志望校に特化したオーダーメイドの学習カリキュラムと完全マンツーマン授業、トライ式 AI 学習で、お子さまの夢や目標を実現させます。

■ 120 万人以上の指導実績がある 「家庭教師のトライ」だからできる高卒認定の取得、進学サポート

- ●完全マンツーマンの個別授業で大学受験対策ができます
- ●短期間での高認取得をサポートします
- ●東大・京大や医学部、海外の大学など難関大学受験対策も万全です
- ●解説が丁寧な映像授業「Try IT」で自宅での復習もはかどります
- ●将来の自己実現のためのキャリア教育が充実しています
- ●自由参加の部活動や修学旅行など学校行事も充実しています
- ●全国に 123 ヶ所以上のキャンパスがあります

※在籍生徒数 3,500 人以上の通信制高校・サポート校において
　進学率全国 1 位。
　2023/3/23 産経メディックス調べ。
　トライ式高等学院は通信制高校サポート校です。

■名　称：トライ式高等学院
【東京本部・飯田橋キャンパス】
■住　所：〒 102-0072　東京都千代田区飯田橋 1-10-3
■最寄駅：JR・東京メトロ「飯田橋」駅より徒歩 5 分
【名古屋本部・千種キャンパス】
■住　所：〒 464-0075 愛知県名古屋市千種区内山 3-30-9 nonoha 千種 2F
■最寄駅：地下鉄「千種」駅 4 番出口より徒歩 5 分
【大阪本部・天王寺キャンパス】
■住　所：〒 545-0051　大阪府大阪市阿倍野区旭町 1-1-10　竹澤ビル 2F
■最寄駅：JR・大阪メトロ「天王寺」駅西口より徒歩 3 分
上記含め、全国に 123 ヶ所のキャンパス
■電　話：0120-919-439（受付 9:00 ～ 22:00 土日・祝日も対応）
■創立年：2010 年
■沿　革：

1987 年	「家庭教師のトライ」の前身となる「富山大学トライ」を創業
1990 年	株式会社トライグループ設立
2000 年	1 対 1 個別指導塾「個別教室のトライ」事業を開始
2010 年	通信制高校サポート校「トライ式高等学院」を開校
2014 年	特定非営利活動法人「JHP・学校をつくる会」と協同で、カンボジアに小学校を設立
2014 年	「トライ式合宿」事業を開始
2015 年	永久 0 円の映像授業サービス「Try IT（トライ イット）」を開始
2017 年	全国で「プログラミング教室」を開始
2019 年	学習支援事業が全国 200 以上の自治体・行政機関・学校に展開
2020 年	ソニーグループの AI の会社であるギリア株式会社と資本業務提携を行い、共同制作により「トライ式 AI 学習診断」を開発、2019 年度「教育 AI 賞」を受賞
2020 年	ZVC Japan 株式会社（Zoom）と事業協力をし、「オンライン個別指導」サービスを開始
2020 年	株式会社旺文社と業務提携。さらに、ギリア社との共同制作により、トライグループ、旺文社、ギリア社の 3 社連携によって志望大学別入試対策 AI「入試問題的中 AI」を開発
2021 年	株式会社旺文社と、英検学習サービス「トライ式英検 ® 合格コース」を開始
2023 年	「トライ式中等部」開校

■教育理念：
「人は、人が教える。人は、人が育てる。」という理念を大切にしながらすべての生徒の夢や目標を実現へ導くためのサポートを行います。
・マンツーマンによる個別授業で生徒一人ひとりを丁寧に指導します。
・キャンパスライフや様々な学校行事を通じて社会性を育み、
　心身共に成長させて自立へと導きます。
■運営母体：名　称：㈱トライグループ　　代表取締役：物部　晃之
所在地：〒 102-0072 東京都千代田区飯田橋 1-10-3
＜主な事業＞ “家庭教師のトライ” や “個別教室のトライ”、大人向けの
　　　　　　生涯教育事業、映像授業などの e-learning 事業などを展開中。

■トライ式高等学院なら「高卒認定試験対策」と 「高校単位修得による単位免除」を選べます

文科省は高卒認定試験の合格要件として、最低 1 科目の試験に合格していれば、残りの 7 科目もしくは 8 科目は高校の単位修得で免除するとしています。トライ式高等学院なら高校での単位修得に向けた勉強も可能ですので、①得意科目は高卒認定試験　②不得意科目は高校単位修得といったように、自由に対策を立てられるので、費用を抑えて最短での合格を実現する計画を立てます。

■通学スタイルを選べます

生活スタイルや体調面に合わせて「通学型」「在宅型」「オンライン型」の 3 つから自分に合ったスタイルを選択することができます。もちろん、途中で変更することも可能です。

■学びに集中できる環境を整えたキャンパスです

生徒は 16 歳 ～ 19 歳の高校生世代が大多数。大学を目指す仲間が多く、落ち着いて大学受験に向けた勉強ができる雰囲気です。また学校行事（参加希望制）も充実していて友人も作りやすい環境です。

◆「教育支援カウンセラー」によるメンタルサポートも万全！

トライ式高等学院には不登校のお子さまへの対応スキルを身につけた「教育支援カウンセラー」資格を所有した職員が在籍しております。不登校解決をご家族と一緒になって考え、解決策をご提案します。

▼学校説明会 随時開催中。お申し込み・お問い合わせはいつでも受け付けております。　0120-919-439（受付時間 9:00 ～ 22:00　※土日・祝も受付）

■ 一人ひとりの夢や目標に合わせた個別プラン ■

当学院では、生徒一人ひとりが将来の目標に向けて学びたいことを自由に学べるように、個別に学習カリキュラムを設定しています。
「生徒が学校に合わせるのではなく、学校が生徒に合わせてカタチを変える」これがトライ式高等学院です。

■科目履修で単位を免除
高卒認定試験合格には、最低1科目の試験合格が必要です。トライなら、実施連携通信制高校の科目履修生として登録し、単位を修得することで試験を免除できます。そのため、確実な合格を目指せます。

■難関大学に特化したカリキュラム
難関大学や医学部を担当しているプロ講師の授業を受けることができます。完全マンツーマンだからこそ、効率的にそして着実に学力向上をはかることができます。

■ 映像授業 Try IT（トライイット）で学習効果 UP
中学・高校範囲の約6,000本の映像授業を視聴できるトライの映像授業。1授業は約15分なので集中力が続きます。トライが厳選した実力派講師による丁寧な解説授業で、これまでの総復習から入試の基礎力養成まで幅広いご要望に対応。
また、映像授業に沿ったオリジナルの専用問題集を無料でダウンロードできます。
パソコン・スマートフォン・タブレットのどれでも視聴できます。トライ式高等学院の生徒さま以外でも、永久0円でご利用いただけます。

Q&A

Q. 学校の勉強から数年離れていますが、それでも高卒認定試験に合格することは可能でしょうか？
A. 可能です。当学院は生徒の性格や学力、目標に合わせて細かくカリキュラムを立てます。トライ独自の学習法に基づいて個別授業を行うので、短期間で高校レベルの学習についていけるようになります。

Q. 人と接するのが苦手なので、集団授業だと周りが気になったり、先生との1対1の個別授業は緊張すると思います。
A. ご安心ください。特に最初の授業は勉強よりもコミュニケーションに重点を置き、距離を縮めることから始めています。また、緊張をほぐすために、周りが気にならない環境を用意し、生徒と趣味が似ている講師を担任にするなど工夫しています。個別授業の机の間に仕切りを設けていますので、個々のスペースが確保されています。

Q. いじめを受けて子どもは心に深い傷を負っているのですが、カウンセリングなどをしていただけますか。
A. 可能です。学習面だけでなく精神面でのサポートも万全です。当学院には「教育支援カウンセラー」の資格を所有した職員が、第三者の立場から的確にアドバイスを行います。

Q. 高卒認定試験に合格すれば、最終学歴は高校卒業になりますか？
A. なりません。合格者は「高等学校を卒業した者と同等以上の学力がある」と認められますが、高等学校を卒業しなければ最終学歴は高等学校卒業とはなりません。

Q. 進路についての相談は受けてもらえますか？
A. 当学院は120万人の実績を誇る「家庭教師のトライ」が運営しておりますので、その豊富な実績やノウハウをもとに適切なアドバイスを受けられます。大学・短大・専門学校入試、就職相談など、お気軽にご相談ください。

2024年度の行事
※行事は変更する場合がございます。詳しくはお問い合わせください。

	4月〜6月	7月〜9月	10月〜12月	1月〜3月
行事	入学式、オリエンテーション、新入生歓迎、進路説明会、入学後三者面談、林間学校、体育祭	スクーリング＋単位認定テスト、夏期講習、夏期三者面談、推薦入試対策合宿、弁論大会(高3)、チームプレゼン大会	文化祭、修学旅行、冬期講習、受験生進路面談、冬期三者面談、弁論大会（高1・2)、進路探求合宿	スクーリング＋単位認定テスト、3年生を送る会、卒業式、春期講習、春期三者面談

募集・実績と進路状況

募集について
入学時期：随時
選考内容：面接、作文

〜※高校卒業資格取得をご検討の方〜
高校転校をご検討の方、もうすでに退学してしまったけれど高校を卒業したい方を対象に、通信制高校サポート校「トライ式高等学院」の転・編入学を随時受付しております。

学費について
ご希望のコースにより異なります。
詳しくはお問い合わせください。

卒業後の進路
卒業率99.4%（※1）
進学率69.4%（※2）
2024年度入試の大学合格実績 2,657名

≪過去5年間の主な合格実績≫
東京大、京都大、北海道大、東北大、名古屋大、大阪大、九州大、一橋大、東京工業大、神戸大、東京医科大、富山大（医）、岡山大（医）、広島大（医）、佐賀大（医）、和歌山県立医科大、奈良県立医科大、筑波大、横浜国立大、お茶の水女子大、広島大、千葉大、金沢大、国際教養大、東京都立大、名古屋市立大、大阪公立大、慶應義塾大、早稲田大、上智大、東京理科大、国際基督教大、明治大、青山学院大、立教大、中央大、法政大、学習院大、関西大、関西学院大、同志社大、立命館大　他多数
※1. 卒業対象のうち、退学者を除いた割合。2024年3月末時点。
※2. 進路決定者のうち、大学・短大・専門職大学に合格した割合。2024年3月末時点。

学校推薦型・総合型選抜で難関大学へ合格する生徒も多数！
自分の強みを生かせる受験方式や志望校合格に向けたアドバイスなど、一人ひとりに合わせた丁寧な進路指導を行います。

（トライ式高等学院のみの合格実績）

【サポート校】

代々木グローバル高等学院
（よよぎ）（こうとうがくいん）

(https://www.yoyogigh.jp)

【東京校】
■住　所：〒151-0051　東京都渋谷区千駄ヶ谷5-8-2
■電　話：03-6384-2388　■ＦＡＸ：03-6893-8905
■最寄駅：JR「代々木」駅 東口 徒歩5分
　　　　　東京メトロ 副都心線「北参道」駅1番出口 徒歩5分
　　　　　都営大江戸線「代々木」駅 A2出口 徒歩7分
【金沢校】
■住　所：〒920-0919　石川県金沢市南町5-14 アポー金沢1階
■電　話：076-255-6560
■最寄駅：北陸本線「金沢」駅徒歩20分
　　　　　北鉄バス 南町・尾山神社バス停 徒歩1分

■沿革：2013年　代々木高等学校　海外留学コース　設立
　　　　2019年　代々木高等学校　国際教養課程　設立
　　　　2021年　代々木グローバル高等学院　創設
■教育理念：
将来的に世界で通用するグローバルな人材育成を目指します。広い世界に視野を向け高校留学を目指す生徒はもちろん、様々な理由から通学に問題を抱える生徒でもこの高校生活を通してリセット、そして「人間力」の高い真の国際人として羽ばたいてほしいとの願いを込めて指導します。
■運営母体【設立法人】：
　名　称：株式会社代々木グローバル学園
　所在地：東京都渋谷区千駄ヶ谷5-8-2
　理事長：鶴巻　智子
　（主な事業）通信制高校サポート、学習支援、海外留学企画手配、国際交流促進、各種コンサルティング等
■生徒が入学する通信制高校：本校が提携する通信制高校

【東京校へのアクセス】

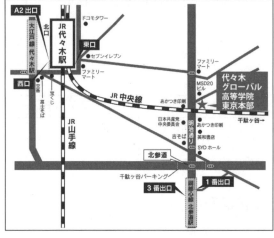

特色　己を知り、日本を知り、そして海外を知ることで、『真の国際人を目指す』ことを軸に学習、生活指導をします。

これからますます国際社会に向かう日本で、国内外で養う国際感覚と共に、日本独自の文化や考え方とは異なる様々な基準で物事を捉えるべく3つの点を重視しています。

『グローバルな人材育成』
英語の上達のみならず、生徒一人ひとりの資質や個性を伸ばし、日本独自の文化や考え方とは異なる世界で通用するグローバルな人材育成を目的にしています。

『人間力の向上』
自分の考えと意見をしっかりと持ち、それを伝えられる日本語・英語共に高いコミュニケーション能力を身につけ、一人ひとりの資質や個性を伸ばし人間力の高い真の国際人として羽ばたいて欲しいとの願いを込めて指導します。

『主体性を育む』
高校生活を通して様々な経験をし、世界に通用する基準で多角的に物事を考え判断し、リーダーシップの強い生徒を育てる。

●グローバルコース
国内学習×海外留学のハイブリッドコースで、高校3年間のうち2年間を海外で過ごします。休学や留年なく高校卒業を目指しつつ、海外でたくさんの経験をし、英語力だけでなく協調性や主体性を養います。1年次はまず英語「に」触れることからスタート。日本国内で毎日の Global Communication（英会話）を通し、英語でコミュニケーションを取ることに慣れます。次に英語「を」学ぶカナダ語学留学でベース作ります。1年間しっかり英語を学び、2年次は英語「で」学ぶアメリカ高校留学。現地アメリカ人の学生と共に勉強するだけでなく、ボランティア活動や友達、ホストファミリーとの交流を通し様々な経験をします。
帰国後、3年次では留学で培った高い英語力や国際的な感覚をアドバンテージに入試対策に取り組みます。
● DYO コース
DYO（Design Your Own）コースでは、あなただけのこれがやりたいという希望に合わせてコースをデザインすることができます。日本の高校卒業資格取得を目指しながら、国内外でのいろいろな経験を通じ、通信制高校だからこそある「時間」というアドバンテージを最大限利用して、自分自身で高校生活をデザインします。また、プロによるレッスンで専門的な知識やスキルを身につけることができる専門コースにも参加できます。多様なコースの中からあなたのやりたいことを見つけて、一緒に将来の可能性を広げていきましょう。
●高卒資格取得コース（基礎コース）
学習は自宅で、自分のペースで進めることが可能です。時間を有効活用しながら、高校卒業を目指しましょう。

学習状況

【カリキュラムの特長】

・Global Communication

真の国際人を目指し、実用的かつ実践的な英語をツールとして身に付けることができるようなカリキュラムを組んでいます。外国人講師とのスピーキングに重きを置いた内容はもちろん、グループディスカッションやワークを通し、各自の自発性、積極性を養うことを大切にしています。

【学習システムの特徴】

複数の通信制高校との提携により、一人一人の学習スタイルや目的に合った通信制高校を選択することが可能です。学習面やスクーリングへの不安等もヒヤリングしながら、ベストな通信制高校を一緒に選びましょう。

進路指導

自己の経験や授業などを通して「どんな未来を歩んでいきたいのか」を、生徒自身がしっかりと見つめることを大切にし、面談や指導を行う中でそれぞれ生徒に合ったサポートを行っています。進学においても面接指導や論文対策なども行っています。

転編入について

前籍校で取得した単位や在籍期間は認定することができます。また、転入生は随時入学することができます。編入生については、都度ご相談ください。

生活指導

社会で必要とされるルールやマナーをしっかり学ぶとともに、自己管理や時間への意識を持つことをコミュニケーションを通して理解することを大切にしています。

また、社会の一員としっかりとした自分自身を築き上げることで、自己肯定感を高めていくように面接指導なども行います。

生徒情報

【個別対応】

他人と比べる前に、自分自身としっかり向きあうこと、また目的意識を持った生活を行うことを大切にしております。

そして、人との繋がりの重要性を学び、多くの人の中で生きている自分を知ることで、自分の行動や意識を考えることを指導しています。

また、生徒が悩みや話したいことを相談しやすい環境や多様なツールでの環境を整え、迅速に対応できるよう体制を整えています。

【保護者との連絡】

電話、メール、保護者面談、手紙の送付など、保護者・本人にとって必要であればその都度、もしくは生活面、学習面での伝達を定期的に行う予定です。

その他

■主な留学先（例）

語学学校：

カナダ（バンクーバー、ビクトリア）、マルタ、イギリス（カンタベリー、ボーンマス）、アメリカ（ロサンゼルス、ボストン）、オーストラリア（シドニー、ゴールドコースト）、ニュージーランド（オークランド）など

現地高校：

カナダ（ブリティッシュコロンビア州、アルバータ州、ノバスコシア州、ニューブランズウィック州など）、アメリカ（オハイオ州、ユタ州、インディアナ州、ミズーリ州、コロラド州、カンザス州、ミネソタ州、ノースカロライナ州など）、ニュージーランド（オークランド、クライストチャーチなど）

Q&A

Q. 不登校でも留学に行けますか？

A. もちろん、可能です。なんとなく海外に興味ある、英語が話せたらいいなくらいの気持ちがあれば十分、留学は可能なので安心してください。

Q. 英語が全然できません。大丈夫ですか？

A. 問題ありません！最初は全く分からなくても、毎日の積み重ねで「英語耳」に変わっていきます。あとは身振り手振りでも、相手に伝えようとする意気込みさえあれば楽しく学ぶことができます。

Q. 遠方の場合でも通学は可能ですか？

A. 提携する学生寮があります。各キャンパス近隣の学生寮から通学が可能です。

Q. イベントや行事はありますか？

A. BBQや遠足、ハロウィンやクリスマスパーティーなど様々あります。他にも当校では、「遊び」が「学び」になるアクティビティがあり、生徒が主体となって様々な計画・実施を行います。

2024年度の募集・進路状況

募集について

募集人員： 300名（グローバルコース80名）

※グローバルコースは定員になり次第、募集を締め切らせて頂きます。

出願期間：

専願入試（Ⅰ期）第1回…2023年7月3日～9月8日

専願入試（Ⅱ期）第2回…2023年9月18日～11月24日

一般入試…2023年12月4日～2024年3月29日

※転入学、編入学は随時受け付けております。

試験日： 随時

選考方法：

専願入試…エントリーシート、面接

一般入試…面接

選考料： 10,000円

※専願入試（Ⅰ期）の場合、入学金を免除

※専願入試（Ⅱ期）の場合、入学金から55,000円を免除

学費について

入学金： 入学時期やコースによって変わります。

授業料： 直接お問い合わせください。

卒業生の主な進路状況

【主な合格実績】

国内：早稲田大学、慶應義塾大学、立教大学、法政大学、学習院大学、上智大学、国際基督教大学、明治大学、立命館アジア太平洋大学、明治学院大学、駒澤大学、日本大学、専修大学、國學院大學、国士舘大学、立正大学　等

海外：清華大学、ブリティッシュコロンビア大学、アルバータ大学、ハンバーカレッジ、ミラコスタカレッジ、マッコーリー大学　等

◇◇◇◇◇◇◇◇◇◇ **この学校にアクセスしてみよう！**

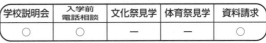

学校説明会	入学前電話相談	文化祭見学	体育祭見学	資料請求
○	○	―	―	○

※資料はWEBサイト、メール、電話等でお申し込みください。

＜学校の施設＞

職員室	あり	事務室	あり
ラウンジ	あり	自習室	あり

【サポート校】

沖縄グローバル高等学院

（ https://www.okinawagh.jp/ ）

■住 所：〒 902-0067　沖縄県那覇市安里 361-34
　　　　　　託一ビル 6 階
■電 話：098-884-7320
■最寄駅：ゆいレール「安里」駅徒歩 6 分
■沿 革：2013 年　代々木高等学校　海外留学コース　設立
　　　　　2019 年　代々木高等学校　国際教養課程　設立
　　　　　2021 年　代々木グローバル高等学院　創設
　　　　　2023 年　沖縄グローバル高等学院　創設
■教育理念：
将来的に世界で通用するグローバルな人材育成を目指します。
広い世界に視野を向け高校留学を目指す生徒はもちろん、様々
な理由から通学に問題を抱える生徒でもこの高校生活を通して
リセット、そして「人間力」の高い真の国際人として羽ばたいて
ほしいとの願いを込めて指導します。
■運営母体【設立法人】：
　名　称：株式会社沖縄グローバル学園
　所在地：沖縄県那覇市安里 361-34　託一ビル 6 階
　理事長：鶴巻　智子
　（主な事業）通信制高校サポート、学習支援、海外留学企画手配、
　国際交流促進、各種コンサルティング等
■生徒が入学する通信制高校：本校が提携する通信制高校

【学校へのアクセス】

おもろまち駅
楽読沖縄
安里スクール
はんこ屋さん21
栄町市場
沖縄グローバル高等学院
安里駅

特色　己を知り、日本を知り、そして海外を知ることで、
　　　『真の国際人を目指す』
　　　ことを軸に学習、生活指導をします。

これからますます国際社会に向かう日本で、国内外で養う国際感
覚と共に、日本独自の文化や考え方とは異なる様々な基準で物事
を捉えるべく 3 つの点を重視しています。

『グローバルな人材育成』
英語の上達のみならず、生徒一人ひとりの資質や個性を伸ばし、
日本独自の文化や考え方とは異なる世界で通用するグローバルな
人材育成を目的にしています。

『人間力の向上』
自分の考えと意見をしっかりと持ち、それを伝えられる日本語・
英語共に高いコミュニケーション能力を身につけ、一人ひとりの
資質や個性を伸ばし人間力の高い真の国際人として羽ばたいて欲
しいとの願いを込めて指導します。

『主体性を育む』
高校生活を通して様々な経験をし、世界に通用する基準で多角的
に物事を考え判断し、リーダーシップの強い生徒を育てる。

●グローバルコース
国内学習×海外留学のハイブリッドコースで、高校 3 年間のうち
2 年間を海外で過ごします。休学や留年なく高校卒業を目指しつ
つ、海外でたくさんの経験をし、英語力だけでなく協調性や主体
性を養います。1 年次はまず英語「に」触れることからスタート。
日本国内で毎日の Global Communication（英会話）を通し、英語
でコミュニケーションを取ることに慣れます。次に英語「を」学
ぶカナダ語学留学でベース作りをします。1 年間しっかり英語を学び、
2 年次は英語「で」学ぶアメリカ高校留学。現地アメリカ人の学
生と共に勉強だけでなく、ボランティア活動や友達、ホストファ
ミリーとの交流を通し様々な経験をします。
帰国後、3 年次では留学で培った高い英語力や国際的な感覚をア
ドバンテージに入試対策に取り組みます。

● DYO コース
DYO（Design Your Own）コースでは、あなただけのこれがやり
たいという希望に合わせてコースをデザインすることができます。
日本の高校卒業資格取得を目指しながら、国内外でのいろいろな
経験を通じ、通信制高校だからこそある「時間」というアドバンテー
ジを最大限利用して、自分自身で高校生活をデザインします。また、
プロによるレッスンで専門的な知識やスキルを身につけることが
できる専門コースにも参加できます。多様なコースの中からあな
たのやりたいことを見つけて、一緒に将来の可能性を広げていき
ましょう。

●高卒資格取得コース（基礎コース）
学習は自宅で、自分のペースで進めることが可能です。時間を有
効活用しながら、高校卒業を目指しましょう。

学習状況

【カリキュラムの特長】
・Global Communication
真の国際人を目指し、実用的かつ実践的な英語をツールとして身に付けることができるようなカリキュラムを組んでいます。外国人講師とのスピーキングに重きを置いた内容はもちろん、グループディスカッションやワークを通し、各自の自発性、積極性を養うことを大切にしています。

【学習システムの特徴】
複数の通信制高校との提携により、一人一人の学習スタイルや目的に合った通信制高校を選択することが可能です。学習面やスクーリングへの不安等もヒヤリングしながら、ベストな通信制高校を一緒に選びましょう。

進路指導

自己の経験や授業などを通して「どんな未来を歩んでいきたいのか」を、生徒自身がしっかりと見つめることを大切にし、面談と指導を行う中でそれぞれ生徒に合ったサポートを行っています。進学においても面接指導や論文対策なども行っています。

転編入について

前籍校で習得した単位や在籍期間は認定することができます。また、転入生は随時入学することができます。編入生については、都度ご相談ください。

生活指導

社会で必要とされるルールやマナーをしっかり学ぶとともに、自己管理や時間への意識を持つことをコミュニケーションを通して理解することを大切にしています。
また、社会の一員としてしっかりとした自分自身を築き上げることで、自己肯定感を高めていくように面接指導なども行います。

生徒情報

【個別対応】
他人と比べる前に、自分自身としっかり向きあうこと、また目的意識を持った生活を行うことを大切にしております。
そして、人との繋がりの重要性を学び、多くの人の中で生きている自分を知ることで、自分の行動や意識を考えることを指導しています。
また、生徒が悩みや話したいことを相談しやすい環境や多様なツールでの環境を整え、迅速に対応できるよう体制を整えています。

【保護者との連絡】
電話、メール、保護者面談、手紙の送付など、保護者・本人にとって必要であればその都度、もしくは生活面、学習面での伝達を定期的に行う予定です。

その他

■主な留学先（例）
語学学校：
カナダ（バンクーバー、ビクトリア）、マルタ、イギリス（カンタベリー、ボーンマス）、アメリカ（ロサンゼルス、ボストン）、オーストラリア（シドニー、ゴールドコースト）、ニュージーランド（オークランド）など
現地高校：
カナダ（ブリティッシュコロンビア州、アルバータ州、ノバスコシア州、ニューブランズウィック州など）、アメリカ（オハイオ州、ユタ州、インディアナ州、ミズーリ州、コロラド州、カンザス州、ミネソタ州、ノースカロライナ州など）、ニュージーランド（オークランド、クライストチャーチなど）

Q&A

Q. 不登校でも留学に行けますか？
A. もちろん、可能です。なんとなく海外に興味ある、英語が話せたらいいなくらいの気持ちがあれば十分、留学は可能なので安心してください。

Q. 英語が全然できません。大丈夫ですか？
A. 問題ありません！最初は全く分からなくても、毎日の積み重ねで「英語耳」に変わっていきます。あとは身振り手振りでも、相手に伝えようとする意気込みさえあれば楽しく学ぶことができます。

Q. 他のキャンパスにも通学は可能ですか？
A. 姉妹校である代々木グローバル高等学院（東京校、金沢校）へも通学が可能です。

Q. イベントや行事はありますか？
A. BBQや遠足、ハロウィンやクリスマスパーティーなど様々あります。他にも当校では、「遊び」が「学び」になるアクティビティがあり、生徒が主体となって様々な計画・実施を行います。

2024年度の募集・進路状況

募集について

募集人員：100名（グローバルコース30名）
　※グローバルコースは定員になり次第、募集を締め切らせて頂きます。

出願期間：
専願入試（Ⅰ期）第1回…2023年7月3日～9月8日
専願入試（Ⅱ期）第2回…2023年9月18日～11月24日
一般入試…2023年12月4日～2024年3月29日
※転入学、編入学は随時受け付けております。

試験日：随時

選考方法：
専願入試…エントリーシート、面接
一般入試…面接

選考料：10,000円

※専願入試（Ⅰ期）の場合、入学金を免除
※専願入試（Ⅱ期）の場合、入学金から55,000円を免除

学費について

入学金：
授業料： 入学時期やコースによって変わります。
直接お問い合わせください。

卒業生の主な進路状況

【主な合格実績】
国内：早稲田大学、慶應義塾大学、立教大学、法政大学、学習院大学、上智大学、国際基督教大学、明治大学、立命館アジア太平洋大学、明治学院大学、駒澤大学、日本大学、専修大学、國學院大學、国士舘大学、立正大学　等
海外：清華大学、ブリティッシュコロンビア大学、アルバータ大学、ハンバーカレッジ、ミラコスタカレッジ、マッコーリー大学　等

◇◇◇◇◇◇◇◇◇◇◇ **この学校にアクセスしてみよう！**

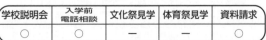

学校説明会	入学前電話相談	文化祭見学	体育祭見学	資料請求
○	○	ー	ー	○

※資料はWEBサイト、メール、電話等でお申し込みください。

＜学校の施設＞
職 員 室　　あり　事 務 室　　あり
ラ ウ ン ジ　あり　自 習 室　　あり

全国高認予備校一覧

高認合格のための勉強や受験対策を指導している予備校の全国一覧です。（郵便番号順表示）

予備校名	郵便番号	住所	電話番号
各予備校の特長や、受験する皆さんへのメッセージ			

あなたにぴったりの予備校を探してみよう！

北海道	P94～	中部地方	P100～	九州・沖縄地方	P105～
東北地方	P94～	近畿地方	P101～	全国	P106
関東地方	P95～	中国・四国地方	P104～		

●北海道

【北海道】

予備校名	郵便番号	住所	電話番号
トライ式高等学院　函館キャンパス	040-0011	北海道函館市本町 3-12　カーニープレイス函館 1F	0120-919-439
高卒認定試験対策から大学進学、将来のためのキャリア教育まで「教育支援カウンセラー」が丁寧にサポート。トライ式であなたの夢を実現！			
トライ式高等学院　新札幌キャンパス	004-0051	北海道札幌市厚別区厚別中央 1 条 6-3-3　BiVi 新さっぽろ 4F	0120-919-439
高卒認定試験対策から大学進学、将来のためのキャリア教育まで「教育支援カウンセラー」が丁寧にサポート。トライ式であなたの夢を実現！			
プラス学習舎	060-0001	北海道札幌市中央区北 1 条西 19-2-17　表参道明豊ビル 2F　242	011-616-1610
ゆったりした環境の中で、それぞれのレベルに合わせて進めていきます。個々のペースを大事にし、学ぶ意欲を応援します。			
四谷学院　札幌駅前教室	060-0808	北海道札幌市北区北 8 条西 4-1-2　四谷学院ビル	011-737-4511
プロによる 1 対 1 のきめ細やかな指導で短期合格も可能！国内・海外どこにいても、オンライン受講をご利用いただけます。			
トライ式高等学院　札幌キャンパス	060-0809	北海道札幌市北区北 9 条西 3-10-1　小田ビル 2F	0120-919-439
高卒認定試験対策から大学進学、将来のためのキャリア教育まで「教育支援カウンセラー」が丁寧にサポート。トライ式であなたの夢を実現！			
認定 NPO 法人 北海道自由が丘学園月寒スクール	062-0051	北海道札幌市豊平区月寒東 1 条 15-5-11	011-858-1711
レポート、科目について個人の希望に応じてサポートします。			
NPO 法人　訪問型フリースクール　漂流教室	064-0808	北海道札幌市中央区南 8 条西 2　市民活動プラザ星園 401	050-3544-6448
訪問と居場所を運営しています。学習だけでなく、人との関係づくりを重視しています。若者だけでなく、大人の方でも学びましょう。			
大成会　元町教室	065-0024	北海道札幌市東区北 24 条東 16-1-1　第四中田ビル 3F	0120-519-509
高認試験に万全の状態で臨めるよう、一人ひとりに合わせた勉強方法で合格を目指すサポートをします。			
トライ式高等学院　旭川キャンパス	070-0031	北海道旭川市一条通 8-108　フイール旭川 3F	0120-919-439
高卒認定試験対策から大学進学、将来のためのキャリア教育まで「教育支援カウンセラー」が丁寧にサポート。トライ式であなたの夢を実現！			

●東北地方

【青森県】

予備校名	郵便番号	住所	電話番号
トライ式高等学院　青森キャンパス	038-0012	青森県青森市柳川 1-2-3　青森駅ビルラビナ 5F	0120-919-439
高卒認定試験対策から大学進学、将来のためのキャリア教育まで「教育支援カウンセラー」が丁寧にサポート。トライ式であなたの夢を実現！			
学習サークル「サンハウス」	039-1212	青森県三戸郡階上町蒼前西 5-9-1634	090-2990-4200
個別指導。主要 5 教科の指導。メンタル面でのサポート。取得後のサポート。			

【岩手県】

予備校名	郵便番号	住所	電話番号
認定 NPO 法人　盛岡ユースセンター	020-0022	岩手県盛岡市大通 3-1-23　クリエイト 3F	019-681-7070
個々の理解度に応じた学習方法の提案と、丁寧な個別指導で合格を目指します。合格後の進路決定まで継続してサポートが受けられます。			
トライ式高等学院　盛岡キャンパス	020-0034	岩手県盛岡市盛岡駅前通 7-12　はちや盛岡駅前ビル 2F	0120-919-439
高卒認定試験対策から大学進学、将来のためのキャリア教育まで「教育支援カウンセラー」が丁寧にサポート。トライ式であなたの夢を実現！			

【宮城県】

トライ式高等学院　泉中央キャンパス	981-3133	宮城県仙台市泉区泉中央 1-7-1　泉中央駅ビル SWING　5F	0120-919-439
高卒認定試験対策から大学進学、将来のためのキャリア教育まで「教育支援カウンセラー」が丁寧にサポート。トライ式であなたの夢を実現！			
宮城県教育委員会指定技能連携校　あすと長町高等学院	982-0003	宮城県仙台市太白区郡山 6-2-2	022-249-4023
少人数制。英・数・国・社対応。自分のペースで学習を進められます。高認資格取得後の進路を一緒に考えていきましょう。			
トライ式高等学院　仙台キャンパス	983-0852	宮城県仙台市宮城野区榴岡 1-6-30　ディーグランツ仙台ビル 3F	0120-919-439
高卒認定試験対策から大学進学、将来のためのキャリア教育まで「教育支援カウンセラー」が丁寧にサポート。トライ式であなたの夢を実現！			
仙台文理　高認試験コース	983-0852	宮城県仙台市宮城野区榴岡 1-7-15　サニービル 205	022-762-8918
1～3ヵ月間集中学習で高認合格へ！大学受験指導も行います。大学合格のノウハウを活かした受験指導体制で支援しています。			
ミヤギユースセンター	983-0852	宮城県仙台市宮城野区榴岡 2-2-8-203	022-256-7977
青少年の夢を創造し、ともに未来を切り拓く。創設以来変わらぬメッセージです。みんなと一緒に、がんばろう宮城・がんばろう東北‼			
四谷学院　仙台駅前教室	983-0852	宮城県仙台市宮城野区榴岡 2-3-6	022-291-3931
プロによる1対1のきめ細やかな指導で短期合格も可能！国内・海外どこにいても、オンライン受講をご利用いただけます。			
NPO 法人　まきばフリースクール	987-2183	宮城県栗原市高清水袖山 62-18	090-3127-8925
個別対応。全教科対応。一人ひとりの学力に合わせて指導していく。高認は、積み重ねなので少しずつ、ひとつずつ、次につなげていく。			

【秋田県】

トライ式高等学院　秋田キャンパス	010-0874	秋田県秋田市千秋久保田町 3-15　三宅ビル 4F	0120-919-439
高卒認定試験対策から大学進学、将来のためのキャリア教育まで「教育支援カウンセラー」が丁寧にサポート。トライ式であなたの夢を実現！			

【山形県】

トライ式高等学院　山形キャンパス	990-0039	山形県山形市香澄町 1-3-15　山形むらきさわビル 1F	0120-919-439
高卒認定試験対策から大学進学、将来のためのキャリア教育まで「教育支援カウンセラー」が丁寧にサポート。トライ式であなたの夢を実現！			
みどり教室（運営：NPO 法人クローバーの会＠やまがた）	990-2413	山形県山形市南原町 1-27-20	023-664-2275
学習者のペースに合わせた伴走型のサポートをしています。受験する科目も、ともに考えていきましょう。			
フリースクール　せいよう	998-0864	山形県酒田市新橋 1-7-16	0234-23-4655
高認だけでなく専門学校・短大・大学の実績もあります。自習室も備えた静かな校舎で主体性を大切にして指導しています。			

【福島県】

トライ式高等学院　福島キャンパス	960-8031	福島県福島市栄町 7-33　錦ビル 3F	0120-919-439
高卒認定試験対策から大学進学、将来のためのキャリア教育まで「教育支援カウンセラー」が丁寧にサポート。トライ式であなたの夢を実現！			
NPO 法人　ヒューマンコミュニティサポート Ai付属　うつみね健康学園	963-1244	福島県郡山市田村町栃本字水沢 527	024-944-0750
自然豊かなキャンパス、学年毎のグループ学習システムで学力アップ。個別指導で、不得意科目の克服。高認後の大学受験指導実施。			
トライ式高等学院　郡山キャンパス	963-8002	福島県郡山市駅前 1-14-1　増子駅前ビル 4F	0120-919-439
高卒認定試験対策から大学進学、将来のためのキャリア教育まで「教育支援カウンセラー」が丁寧にサポート。トライ式であなたの夢を実現！			
フリースクールトレーラー	963-8071	福島県郡山市富久山町久保田字下河原 191-1 福島コトひらく内	080-7169-4627
私たちは、英、数、国、社会、他全てに対応します。通信制高校との併用も可能です。みなさんの可能性を広げましょう！			
NPO 法人　寺子屋方丈舎	965-0042	福島県会津若松市大町 1-1-57	0242-93-7950
私たちは、英、数、国、社会、他全てに対応します。通信制高校との併用も可能です。みなさんの可能性を広げましょう！			
福島県教育委員会指定 技能連携教育施設　いわきキャンパス	971-8172	福島県いわき市泉玉露 2-5-7	0246-56-2121
【一斉授業＋グループ授業＋個別指導＋解説講義】で学力アップ。就職と進学を責任を持って決めています。			

●関東地方

【茨城県】

トライ式高等学院　つくばキャンパス	305-0031	茨城県つくば市吾妻 1-5-7　ダイワロイネットホテルつくば 1F	0120-919-439
高卒認定試験対策から大学進学、将来のためのキャリア教育まで「教育支援カウンセラー」が丁寧にサポート。トライ式であなたの夢を実現！			
トライ式高等学院　水戸キャンパス	310-0015	茨城県水戸市宮町 1-2-4　マイムビル 4F	0120-919-439
高卒認定試験対策から大学進学、将来のためのキャリア教育まで「教育支援カウンセラー」が丁寧にサポート。トライ式であなたの夢を実現！			

【栃木県】

トライ式高等学院　宇都宮キャンパス	321-0964	栃木県宇都宮市駅前通り 1-4-6　宇都宮西口ビル d 棟 1F	0120-919-439
高卒認定試験対策から大学進学、将来のためのキャリア教育まで「教育支援カウンセラー」が丁寧にサポート。トライ式であなたの夢を実現！			
トライ式高等学院　足利キャンパス	326-0814	栃木県足利市通 2-12-16　岩下ビル 2F	0120-919-439
高卒認定試験対策から大学進学、将来のためのキャリア教育まで「教育支援カウンセラー」が丁寧にサポート。トライ式であなたの夢を実現！			

栃木自主夜間中学	328-0054	栃木県栃木市平井町 980-9	0282-23-2290
不登校の人や高校中途退学した人が高認を受ける際に、その仕組みや受検対策について、希望時間に個別に対応します。			

【群馬県】

トライ式高等学院　高崎キャンパス	370-0841	群馬県高崎市栄町 3-23　高崎タワー 21　2F	0120-919-439
高卒認定試験対策から大学進学、将来のためのキャリア教育まで「教育支援カウンセラー」が丁寧にサポート。トライ式であなたの夢を実現！			
私立志學館	373-0027	群馬県太田市金山町 31-19	0276-25-0132
全教科対応。個別・集団・グループの中から自分にあったやり方を選べる。			

【埼玉県】

トライ式高等学院　浦和キャンパス	330-0062	埼玉県さいたま市浦和区仲町 2-3-20　須原屋本店 4F	0120-919-439
高卒認定試験対策から大学進学、将来のためのキャリア教育まで「教育支援カウンセラー」が丁寧にサポート。トライ式であなたの夢を実現！			
一ツ葉高校　大宮キャンパス	330-0802	埼玉県さいたま市大宮区宮町 1-24　GS ビル 6F	048-729-8658
高認受験学習と単位修得を合わせることで、短期間で高卒同等の資格を最長 1 年で取得します。〔高認資格取得 100%〕			
中央高等学院　さいたま校	330-0854	埼玉県さいたま市大宮区桜木町 1-1-6	048-650-1155
大宮駅から徒歩 2 分。充実した環境のなかで、高卒認定合格から大学入試まで、一人ひとりを親身にバックアップしています！			
四谷学院　大宮教室	330-0854	埼玉県さいたま市大宮区桜木町 4-85　四谷学院ビル	048-641-7761
プロによる 1 対 1 のきめ細かやな指導で短期合格も可能！国内・海外どこにいても、オンライン受講をご利用いただけます。			
トライ式高等学院　大宮キャンパス	330-0854	埼玉県さいたま市大宮区桜木町 4-252　ユニオンビルディング 2F	0120-919-439
高卒認定試験対策から大学進学、将来のためのキャリア教育まで「教育支援カウンセラー」が丁寧にサポート。トライ式であなたの夢を実現！			
トライ式高等学院　川口キャンパス	332-0012	埼玉県川口市本町 4-3-2　明邦川口第 8 ビル 5F	0120-919-439
高卒認定試験対策から大学進学、将来のためのキャリア教育まで「教育支援カウンセラー」が丁寧にサポート。トライ式であなたの夢を実現！			
四谷学院　南浦和駅前教室	336-0017	埼玉県さいたま市南区南浦和 2-35-11　四谷学院ビル	048-882-2751
プロによる 1 対 1 のきめ細かやな指導で短期合格も可能！国内・海外どこにいても、オンライン受講をご利用いただけます。			
国際高等学院	340-0011	埼玉県草加市栄町 3-4-11	048-932-5139
一人ひとりに担任がつき、高認試験合格をめざして、きめ細かい指導をしています。高認取得後の進学サポートも実施しています。			
一般社団法人正和会　畠塾自立支援センター	344-0011	埼玉県春日部市藤塚 250-58	048-738-0701
全寮制。生活の自立を視野に入れた指導を行っています。高認取得後の進路が安心してできるような体験学習も盛りだくさんです。			
トライ式高等学院　春日部キャンパス	344-0067	埼玉県春日部市中央 1-1-5　小島ビル 5F	0120-919-439
高卒認定試験対策から大学進学、将来のためのキャリア教育まで「教育支援カウンセラー」が丁寧にサポート。トライ式であなたの夢を実現！			
トライ式高等学院　川越キャンパス	350-1122	埼玉県川越市脇田本町 18-6　川越小川ビル 6F	0120-919-439
高卒認定試験対策から大学進学、将来のためのキャリア教育まで「教育支援カウンセラー」が丁寧にサポート。トライ式であなたの夢を実現！			
四谷学院　川越駅前教室	350-1123	埼玉県川越市脇田本町 14-15　四谷学院ビル	049-246-6271
プロによる 1 対 1 のきめ細かやな指導で短期合格も可能！国内・海外どこにいても、オンライン受講をご利用いただけます。			
トライ式高等学院　所沢キャンパス	359-0037	埼玉県所沢市くすのき台 3-1-1　角三上ビル 1F	0120-919-439
高卒認定試験対策から大学進学、将来のためのキャリア教育まで「教育支援カウンセラー」が丁寧にサポート。トライ式であなたの夢を実現！			
トライ式高等学院　熊谷キャンパス	360-0037	埼玉県熊谷市筑波 2-115　アズ熊谷 6F	0120-919-439
高卒認定試験対策から大学進学、将来のためのキャリア教育まで「教育支援カウンセラー」が丁寧にサポート。トライ式であなたの夢を実現！			

【千葉県】

トライ式高等学院　千葉キャンパス	260-0015	千葉県千葉市中央区富士見 2-14-1　千葉 EX ビル 4F	0120-919-439
高卒認定試験対策から大学進学、将来のためのキャリア教育まで「教育支援カウンセラー」が丁寧にサポート。トライ式であなたの夢を実現！			
中央高等学院　千葉キャンパス	260-0031	千葉県千葉市中央区新千葉 2-7-2	043-204-2292
千葉駅から徒歩 4 分。充実した環境のなかで、高卒認定合格から大学入試まで、一人ひとりを親身にバックアップしています！			
四谷学院　千葉教室	260-0045	千葉県千葉市中央区弁天 1-2-8　四谷学院ビル	043-310-3481
プロによる 1 対 1 のきめ細かな指導で短期合格も可能！国内・海外どこにいても、オンライン受講をご利用いただけます。			
一ツ葉高校　千葉キャンパス	260-0045	千葉県千葉市中央区弁天 1-2-8　大野ビル 5F	043-305-5780
高認受験学習と単位修得を合わせることで、短期間で高卒同等の資格を最長 1 年で取得します。〔高認資格取得 100%〕			
トライ式高等学院　流山おおたかの森キャンパス	270-0128	千葉県流山市おおたかの森西 1-2-3　流山アゼリアテラス 2F	0120-919-439
高卒認定試験対策から大学進学、将来のためのキャリア教育まで「教育支援カウンセラー」が丁寧にサポート。トライ式であなたの夢を実現！			
トライ式高等学院　船橋キャンパス	273-0005	千葉県船橋市本町 1-3-1　船橋 FACE ビル 11F	0120-919-439
高卒認定試験対策から大学進学、将来のためのキャリア教育まで「教育支援カウンセラー」が丁寧にサポート。トライ式であなたの夢を実現！			
四谷学院　船橋駅前教室	273-0005	千葉県船橋市本町 7-7-1　船橋ツインビル西館 6F	047-421-5851
プロによる 1 対 1 のきめ細かな指導で短期合格も可能！国内・海外どこにいても、オンライン受講をご利用いただけます。			

四谷学院　柏教室	277-0005	千葉県柏市柏 2-8-10　四谷学院ビル	04-7167-8671
プロによる1対1のきめ細やかな指導で短期合格も可能！国内・海外どこにいても、オンライン受講をご利用いただけます。			
トライ式高等学院　柏キャンパス	277-0852	千葉県柏市旭町 1-1-5　浜島ビル 7F	0120-919-439
高卒認定試験対策から大学進学、将来のためのキャリア教育まで「教育支援カウンセラー」が丁寧にサポート。トライ式であなたの夢を実現！			
トライ式高等学院　新浦安キャンパス	279-0012	千葉県浦安市入船 1-5-2　プライムタワー新浦安 7F	0120-919-439
高卒認定試験対策から大学進学、将来のためのキャリア教育まで「教育支援カウンセラー」が丁寧にサポート。トライ式であなたの夢を実現！			
【東京都】			
トライ式高等学院　飯田橋キャンパス	102-0072	東京都千代田区飯田橋 1-10-3　1F	0120-919-439
高卒認定試験対策から大学進学、将来のためのキャリア教育まで「教育支援カウンセラー」が丁寧にサポート。トライ式であなたの夢を実現！			
勁草学舎	110-0015	東京都台東区東上野 3-9-5	03-3834-5576
高卒認定試験を取ってしまえば終わりでなく基礎を培い、その後の大学入試に向けて指導も行う、カリキュラムもあります。			
J-Web School	112-0002	東京都文京区小石川 2-3-4　第一川田ビル	0120-142-359
インターネット学習で、いつでも・どこでも・なんどでも学習可能です。担当サポーターによるこまめなフォローも。			
J-School	112-0002	東京都文京区小石川 2-3-4　第一川田ビル	0120-934-670
「受講生一人ひとりの学力・個性に応じた教育指導を行う」個別指導の学校で、個々のペースにより学習指導を行い、100% 合格を目指します。			
NPO 法人　東京シューレ　フリースクール東京シューレ王子	114-0021	東京都北区岸町 1-9-19	03-5993-3135
個別の対応もできます。学習や受験の計画、進路や生活などトータルな相談にも乗りながら希望がかなうよう支援しています。			
トライ式高等学院　北千住キャンパス	120-0034	東京都足立区千住 2-58　ジェイシティ北千住ビル 2F	0120-919-439
高卒認定試験対策から大学進学、将来のためのキャリア教育まで「教育支援カウンセラー」が丁寧にサポート。トライ式であなたの夢を実現！			
トライ式高等学院　錦糸町キャンパス	130-0022	東京都墨田区江東橋 3-9-10　丸井錦糸町店 6F	0120-919-439
高卒認定試験対策から大学進学、将来のためのキャリア教育まで「教育支援カウンセラー」が丁寧にサポート。トライ式であなたの夢を実現！			
くらしのまなび舎 Olea	143-0016	東京都大田区大森北 4-14-13　杉ビル 301	03-6404-8094
特別支援教育の専門知識を持ったパートナーが、お子さんの「もっと知りたい」「もっとやりたい」をご家族とともにじっくりと支えます！			
大成学園　東京校	144-0052	東京都大田区蒲田 5-6-7	0466-54-7779（開設準備室）
不登校や発達障がいの方などで高認受験をする方を対象に、一人ひとりの学力に合わせた個別学習で合格を目指します。			
トライ式高等学院　蒲田キャンパス	144-0052	東京都大田区蒲田 5-38-1　第一美須ビル 2F	0120-919-439
高卒認定試験対策から大学進学、将来のためのキャリア教育まで「教育支援カウンセラー」が丁寧にサポート。トライ式であなたの夢を実現！			
NPO 法人　東京シューレ　フリースクール東京シューレ大田	144-0055	東京都大田区仲六郷 2-7-11	03-6424-8311
個別の対応もできます。学習や受験の計画、進路や生活などトータルな相談にも乗りながら希望がかなうよう支援しています。			
中央高等学院　渋谷原宿校	150-0001	東京都渋谷区神宮前 6-27-8	03-5469-7070
流行の最先端・原宿で、高卒認定合格から大学入試まで、一人ひとりを親身にバックアップしています！			
考学舎	150-0002	東京都渋谷区渋谷 1-7-5　青山センブンハイツ 503	03-3498-7758
専任講師による生徒一人ひとりの状況に対応した個別指導。教科の枠にとらわれず、自学力の向上のための支援をしています。			
Loohcs 高等学院	150-0031	東京都渋谷区桜丘町 16-12　桜丘フロントビル 3F	050-3627-5896
リベラルアーツで学びの「基礎力」を獲得！総合型選抜を中心に、学生の希望に沿って多様な進路のサポートを行っています。			
トライ式高等学院　渋谷キャンパス	150-0031	東京都渋谷区桜丘町 24-1　橋本ビル 3F	0120-919-439
高卒認定試験対策から大学進学、将来のためのキャリア教育まで「教育支援カウンセラー」が丁寧にサポート。トライ式であなたの夢を実現！			
日本文理学院　特別支援教育研究所 Wish	150-0045	東京都渋谷区神泉町 15-11	03-6455-0910
学習計画や個別指導（東大・慶應生、他）。ボードゲーム、SST、カウンセリング、英会話、東京都認定放課後等デイサービスもあり。			
代々木グローバル高等学院　東京校	151-0051	東京都渋谷区千駄ヶ谷 5-8-2	03-6384-2388
生徒一人ひとりの資質や個性を伸ばしつつ、空いた時間を活かした海外留学をサポートします。短期〜高校留学まで対応可能です。			
一ツ葉高校　代々木キャンパス	151-0053	東京都渋谷区代々木 1-36-1　ミユキビル 2F	03-6276-7578
高認受験学習と単位修得を合わせることで、短期間で高卒同等の資格を最長1年で取得します。〔高認資格取得 100%〕			
SCHOOL　WILLING	154-0001	東京都世田谷区池尻 3-4-8	03-5430-5478
アットホームな少人数制。自分の始めたいところから勉強する個別指導。和やかにリラックスして進めていきましょう。			
四谷学院　下北沢駅前教室	155-0031	東京都世田谷区北沢 2-20-17　Recipe SHIMOKITA　8F	03-6450-7671
プロによる1対1のきめ細やかな指導で短期合格も可能！国内・海外どこにいても、オンライン受講をご利用いただけます。			
NPO　僕んち（フリースクール僕んち）	155-0033	東京都世田谷区代田 4-32-17-B	03-3327-7142
希望者へは、個別対応しています。気持ちよく取り組める様、他の活動とバランスを取りつつ。			
科学技術学園高校　本校	157-8562	東京都世田谷区成城 1-11-1	03-5494-7711
高認試験の併用で科目履修（特定の科目のみ履修し、単位の修得）を希望する方はお問い合わせください。			

トライ式高等学院　自由が丘キャンパス	158-0083	東京都世田谷区奥沢 5-26-12　XAREA 自由が丘ビル 3F	0120-919-439
高卒認定試験対策から大学進学、将来のためのキャリア教育まで「教育支援カウンセラー」が丁寧にサポート。トライ式であなたの夢を実現！			
四谷学院　自由が丘駅前教室	158-0083	東京都世田谷区奥澤 5-28-12　四谷学院ビル	03-6459-7401
プロによる 1 対 1 のきめ細やかな指導で短期合格も可能！国内・海外どこにいても、オンライン受講をご利用いただけます。			
四谷学院　四谷駅前教室	160-0004	東京都新宿区四谷 1-1-1　四谷学院ビル	03-3357-8081
プロによる 1 対 1 のきめ細やかな指導で短期合格も可能！国内・海外どこにいても、オンライン受講をご利用いただけます。			
四谷学院　オンライン校	160-0004	東京都新宿区四谷 1-1-1　四谷学院ビル	03-6380-5075
プロによる 1 対 1 のきめ細やかな指導で短期合格も可能！国内・海外どこにいても、オンライン受講をご利用いただけます。			
四谷学院　四谷校　高認通学クラスコース	160-0004	東京都新宿区四谷 1-10　四谷学院ビル	03-3357-8081
プロによる 1 対 1 のきめ細やかな指導で短期合格も可能！国内・海外どこにいても、オンライン受講をご利用いただけます。			
四谷ゼミナール	160-0015	東京都新宿区大京町 4-6	03-3355-0005
四谷ゼミナールは個別指導で一人ひとりの成績に合わせてわかるまで丁寧に教えます。家庭的な雰囲気です。ぜひ見学に来て下さい。			
トライ式高等学院　新宿キャンパス	160-0023	東京都新宿区西新宿 1-7-1　松岡セントラルビル 6F	0120-919-439
高卒認定試験対策から大学進学、将来のためのキャリア教育まで「教育支援カウンセラー」が丁寧にサポート。トライ式であなたの夢を実現！			
河合塾 COSMO	160-0023	東京都新宿区西新宿 7-14-7	0120-800-694
高卒認定試験の合格から高卒認定試験合格者、通信制高校在籍、基礎から学びたい高校卒業者の方々の学習フォロー、大学進学までを河合塾がトータルにサポートします。			
NPO 法人東京シューレ　フリースクール東京シューレ新宿	162-0056	東京都新宿区若宮町 28-27	03-5155-9803
個別の対応もできます。学習や受験の計画、進路や生活などトータルな相談にも乗りながら希望がかなうよう支援しています。			
トライ式高等学院　中野キャンパス	164-0001	東京都中野区中野 4-2-12　オーシー中野ビル 2F	0120-919-439
高卒認定試験対策から大学進学、将来のためのキャリア教育まで「教育支援カウンセラー」が丁寧にサポート。トライ式であなたの夢を実現！			
プラドアカデミー高等学院	170-0002	東京都豊島区巣鴨 1-14-5　第一松岡ビル 7F	03-5319-1230
プロの講師による 1 対 1 の個別授業で確実かつ効率的な学習をして、短期間で高認合格から大学進学までサポートします。			
中央高等学院　池袋校	170-0013	東京都豊島区東池袋 1-12-8	03-3590-0130
充実した環境のなかで、高卒認定合格から大学入試まで、一人ひとりを親身にバックアップしています！			
トライ式高等学院　池袋キャンパス	171-0022	東京都豊島区南池袋 1-19-4　南池袋幸伸ビル 8F	0120-919-439
高卒認定試験対策から大学進学、将来のためのキャリア教育まで「教育支援カウンセラー」が丁寧にサポート。トライ式であなたの夢を実現！			
四谷学院　池袋駅前教室	171-0022	東京都豊島区南池袋 2-27-8　第 10 野萩ビル 1F	03-3985-7821
プロによる 1 対 1 のきめ細やかな指導で短期合格も可能！国内・海外どこにいても、オンライン受講をご利用いただけます。			
フリースクール @ なります	175-0094	東京都板橋区成増 4-31-11	03-6784-1205
一人ひとりに合わせた個別指導。資格取得後の進路も一緒に考えます。学習だけではなく一休みをする居場所も提供しています。			
トライ式高等学院　大泉学園キャンパス	178-0063	東京都練馬区東大泉 1-30-7　瀧島ビル 4F	0120-919-439
高卒認定試験対策から大学進学、将来のためのキャリア教育まで「教育支援カウンセラー」が丁寧にサポート。トライ式であなたの夢を実現！			
四谷学院　吉祥寺駅前教室	180-0003	東京都武蔵野市吉祥寺南町 1-9-4	0422-45-8101
プロによる 1 対 1 のきめ細やかな指導で短期合格も可能！国内・海外どこにいても、オンライン受講をご利用いただけます。			
トライ式高等学院　吉祥寺キャンパス	180-0004	東京都武蔵野市吉祥寺本町 1-10-10　ロータスビル 4F	0120-919-439
高卒認定試験対策から大学進学、将来のためのキャリア教育まで「教育支援カウンセラー」が丁寧にサポート。トライ式であなたの夢を実現！			
中央高等学院　吉祥寺本校	180-0004	東京都武蔵野市吉祥寺本町 2-21-8	0422-22-7787
ベテランスタッフが、10 代後半から 50 代までの切磋琢磨している生徒たちの高卒認定試験合格と希望進路実現まで指導しています。			
数学塾　むれ	180-0006	東京都武蔵野市中町 1-25-5　ハイツ杉山 403	0422-55-0563
個別指導。本人の希望に沿って、自由になるための勉強を目標にしています。全教科対応。取得後の対応可。			
トライ式高等学院　府中キャンパス	183-0055	東京都府中市府中町 1-1-5　府中高木ビル 5F	0120-919-439
高卒認定試験対策から大学進学、将来のためのキャリア教育まで「教育支援カウンセラー」が丁寧にサポート。トライ式であなたの夢を実現！			
トライ式高等学院　国分寺キャンパス	185-0012	東京都国分寺市本町 2-2-14　CAN 国分寺駅前ビル 2F	0120-919-439
高卒認定試験対策から大学進学、将来のためのキャリア教育まで「教育支援カウンセラー」が丁寧にサポート。トライ式であなたの夢を実現！			
トライ式高等学院　立川キャンパス	190-0012	東京都立川市曙町 1-14-13　立川 MK ビル 3F	0120-919-439
高卒認定試験対策から大学進学、将来のためのキャリア教育まで「教育支援カウンセラー」が丁寧にサポート。トライ式であなたの夢を実現！			
四谷学院　立川教室	190-0012	東京都立川市曙町 2-29-13　四谷学院ビル	042-540-7681
プロによる 1 対 1 のきめ細やかな指導で短期合格も可能！国内・海外どこにいても、オンライン受講をご利用いただけます。			
一ツ葉高校　立川キャンパス	190-0022	東京都立川市錦町 3-6-6　中村 LK ビル 3F	042-512-9602
高認受験学習と単位修得を合わせることで、短期間で高卒同等の資格を最長 1 年で取得します。〔高認資格取得 100%〕			
トライ式高等学院　八王子キャンパス	192-0083	東京都八王子市旭町 12-4　日本生命八王子ビル 5F	0120-919-439
高卒認定試験対策から大学進学、将来のためのキャリア教育まで「教育支援カウンセラー」が丁寧にサポート。トライ式であなたの夢を実現！			

四谷学院　町田駅前教室	194-0021	東京都町田市中町 1-2-1　四谷学院駅前ビル	042-723-8751
プロによる 1 対 1 のきめ細やかな指導で短期合格も可能！国内・海外どこにいても、オンライン受講をご利用いただけます。			
トライ式高等学院　町田キャンパス	194-0022	東京都町田市森野 1-34-10　第一矢沢ビル 2F	0120-919-439
高卒認定試験対策から大学進学、将来のためのキャリア教育まで「教育支援カウンセラー」が丁寧にサポート。トライ式であなたの夢を実現！			
【神奈川県】			
トライ式高等学院　川崎キャンパス	210-0007	神奈川県川崎市川崎区駅前本町 15-5　十五番館 6F	0120-919-439
高卒認定試験対策から大学進学、将来のためのキャリア教育まで「教育支援カウンセラー」が丁寧にサポート。トライ式であなたの夢を実現！			
四谷学院　川崎駅前教室	210-0007	神奈川県川崎市川崎区駅前本町 26-4　ラウンドクロス川崎 1F	044-201-9471
プロによる 1 対 1 のきめ細やかな指導で短期合格も可能！国内・海外どこにいても、オンライン受講をご利用いただけます。			
トライ式高等学院　武蔵小杉キャンパス	211-0063	神奈川県川崎市中原区小杉町 1-403-60　小杉ビルディング 3F	0120-919-439
高卒認定試験対策から大学進学、将来のためのキャリア教育まで「教育支援カウンセラー」が丁寧にサポート。トライ式であなたの夢を実現！			
四谷学院　横浜駅前教室	220-0004	神奈川県横浜市西区北幸 1-5-6　四谷学院ビル	045-320-2151
プロによる 1 対 1 のきめ細やかな指導で短期合格も可能！国内・海外どこにいても、オンライン受講をご利用いただけます。			
トライ式高等学院　横浜キャンパス	220-0004	神奈川県横浜市西区北幸 2-5-3　アスカビル 3F	0120-919-439
高卒認定試験対策から大学進学、将来のためのキャリア教育まで「教育支援カウンセラー」が丁寧にサポート。トライ式であなたの夢を実現！			
少人数制予備校 WIP（ウィップ）	220-0011	神奈川県横浜市西区高島 2-6-41　福島ビル 2F	0120-913-758
希望している専門学校や大学にあわせた高認合格方法を個々に提案し、将来を見据えた少人数制授業や個別指導でらくらく高認合格！			
一ツ葉高校　横浜キャンパス	221-0835	神奈川県横浜市神奈川区鶴屋町 2-21-9　三善ビル 9F	045-577-0420
高認受験学習と単位修得を合わせることで、短期間で高卒同等の資格を最長 1 年で取得します。〔高認資格取得 100％〕			
大成学園　横浜校	221-0835	神奈川県横浜市神奈川区鶴屋町 3-33-7	045-313-1359
不登校や発達障がいの方などで高認受験をする方を対象に、一人ひとりの学力に合わせた個別学習で合格を目指します。			
トライ式高等学院　青葉台キャンパス	227-0062	神奈川県横浜市青葉区青葉台 1-6-13　ケントロンビル 5F	0120-919-439
高卒認定試験対策から大学進学、将来のためのキャリア教育まで「教育支援カウンセラー」が丁寧にサポート。トライ式であなたの夢を実現！			
中央高等学院　横浜校	231-0011	神奈川県横浜市中区太田町 2-23	045-222-4111
横浜駅西口徒歩 5 分とアクセス抜群の校舎で、10 代から社会人まで幅広い方が資格取得を目指しています。			
トライ式高等学院　上大岡キャンパス	233-0002	神奈川県横浜市港南区上大岡西 1-6-1　ゆめおおおかオフィスタワー 18F	0120-919-439
高卒認定試験対策から大学進学、将来のためのキャリア教育まで「教育支援カウンセラー」が丁寧にサポート。トライ式であなたの夢を実現！			
特定非営利活動法人 アンガージュマン・よこすか	238-0017	神奈川県横須賀市上町 2-4	046-801-7881
完全 1 対 1 の個別指導。全教科対応。一人一人の学びに寄り添います。高認資格取得後の進路指導も可能です。			
トライ式高等学院　本厚木キャンパス	243-0018	神奈川県厚木市中町 2-1-24　柳田ビル 3F	0120-919-439
高卒認定試験対策から大学進学、将来のためのキャリア教育まで「教育支援カウンセラー」が丁寧にサポート。トライ式であなたの夢を実現！			
四谷学院　本厚木駅前教室	243-0018	神奈川県厚木市中町 3-12-1　厚木国際ビル 3F	046-225-5781
プロによる 1 対 1 のきめ細やかな指導で短期合格も可能！国内・海外どこにいても、オンライン受講をご利用いただけます。			
トライ式高等学院　戸塚キャンパス	244-0817	神奈川県横浜市戸塚区吉田町 3002-1　第 7 吉本ビル 1F	0120-919-439
高卒認定試験対策から大学進学、将来のためのキャリア教育まで「教育支援カウンセラー」が丁寧にサポート。トライ式であなたの夢を実現！			
NPO 法人 子どもと生活文化協会（CLCA）	250-0045	神奈川県小田原市城山 1-6-32　S ビル 2F	0465-35-8420
試験で実力を 100％ 発揮するためには、勉強だけではなく色々なことにバランスよく取り組む生活を送ることが大切です。			
湘南一ツ星高等学院	251-0023	神奈川県藤沢市鵠沼花沢町 1-12	0466-54-7306
最少の労力で最大の成果をあげるノウハウを持った本学院では、個別・少人数スタイルで丁寧なサポートを行い、高認そして目標大学合格まで確実に導きます。			
トライ式高等学院　藤沢キャンパス	251-0025	神奈川県藤沢市鵠沼石上 1-5-6　渡辺ビル 1F	0120-919-439
高卒認定試験対策から大学進学、将来のためのキャリア教育まで「教育支援カウンセラー」が丁寧にサポート。トライ式であなたの夢を実現！			
四谷学院　藤沢教室	251-0052	神奈川県藤沢市藤沢 110-7　四谷学院ビル	0466-54-4281
プロによる 1 対 1 のきめ細やかな指導で短期合格も可能！国内・海外どこにいても、オンライン受講をご利用いただけます。			
大成学園　藤沢校	251-0055	藤沢市南藤沢 2-1-3　ダイヤモンドビル 5F	0466-54-7779
不登校や発達障がいの方などで高認受験をする方を対象に、一人ひとりの学力に合わせた個別学習で合格を目指します。			
NPO 法人フリースクール鈴蘭学園	252-0232	神奈川県相模原市中央区矢部 3-1-8	080-6577-1545
英・数・国対応（他の科目は要相談）。落ち着いた環境の中で、個々のペースに合わせた学びのお手伝いをしていきます。			
大成学園　相模大野校	252-0303	神奈川県相模原市南区相模大野 3-9-1　岡田屋モアーズ相模大野 5F	042-701-0256
不登校や発達障がいの方などで高認受験をする方を対象に、一人ひとりの学力に合わせた個別学習で合格を目指します。			
TOS 高等学院	252-0303	神奈川県相模原市南区相模大野 8-2-6　第一島ビル 4F	0120-30-5897
多彩な専門性を備えたスタッフが、生徒さんの個性に合わせて丁寧な学習サポートを実践します。			

●中部地方

【新潟県】

トライ式高等学院　長岡キャンパス	940-0048	新潟県長岡市台町 2-8-35　ホテルニューオータニ長岡 1F	0120-919-439
高卒認定試験対策から大学進学、将来のためのキャリア教育まで「教育支援カウンセラー」が丁寧にサポート。トライ式であなたの夢を実現！			
トライ式高等学院　新潟キャンパス	950-0087	新潟県新潟市中央区東大通 1-7-7　IMA-Ⅲビル 2F	0120-919-439
高卒認定試験対策から大学進学、将来のためのキャリア教育まで「教育支援カウンセラー」が丁寧にサポート。トライ式であなたの夢を実現！			
真友学院（つくば開成学園高等学校　新潟キャンパス）	950-0901	新潟県新潟市中央区弁天 3-1-20　真友ビル	0120-97-2992
個別指導、対面授業、映像授業の中から自分に合った方法で高認の一発突破を目指す。大学受験対策はベテラン講師が担当			

【富山県】

トライ式高等学院　富山キャンパス	930-0002	富山県富山市新富町 1-2-3　富山ステーションフロント CiC　2F	0120-919-439
高卒認定試験対策から大学進学、将来のためのキャリア教育まで「教育支援カウンセラー」が丁寧にサポート。トライ式であなたの夢を実現！			
財団法人　富山 YMCA フリースクール	930-0003	富山県富山市桜町 1-3-4　東洋ビル 12　4F ～ 7F	076-431-5588
1 クラス 2 名からの少人数制。平均 4 ～ 5 名。各自のレベル（小学生から大学進学まで）でコース、クラスを選択できる。			

【石川県】

トライ式高等学院　金沢キャンパス	920-0853	石川県金沢市本町 2-15-1　ポルテ金沢 2F	0120-919-439
高卒認定試験対策から大学進学、将来のためのキャリア教育まで「教育支援カウンセラー」が丁寧にサポート。トライ式であなたの夢を実現！			
代々木グローバル高等学院　金沢校	920-0919	石川県金沢市南町 5-14　アポー金沢 1F	076-210-5370
生徒一人ひとりの資質や個性を伸ばしつつ、空いた時間を活かした海外留学をサポートします。短期～高校留学まで対応可能です。			
NPO 法人ワンネススクール	921-8164	石川県金沢市久安 5-8	076-259-5359
少人数で自由な校風。学習は個別指導でその人にあうペースで行い、様々なヒト・コト・モノに出会い楽しく色んな経験を積みます！			

【福井県】

トライ式高等学院　福井キャンパス	910-0005	福井県福井市大手 3-4-1　福井放送会館 1F	0120-919-439
高卒認定試験対策から大学進学、将来のためのキャリア教育まで「教育支援カウンセラー」が丁寧にサポート。トライ式であなたの夢を実現！			

【山梨県】

トライ式高等学院　甲府キャンパス	400-0024	山梨県甲府市北口 3-4-33　セインツ 25　3F	0120-919-439
高卒認定試験対策から大学進学、将来のためのキャリア教育まで「教育支援カウンセラー」が丁寧にサポート。トライ式であなたの夢を実現！			

【長野県】

トライ式高等学院　長野キャンパス	380-0824	長野県長野市南石堂町 1971　A-ONE City the agora　3F	0120-919-439
高卒認定試験対策から大学進学、将来のためのキャリア教育まで「教育支援カウンセラー」が丁寧にサポート。トライ式であなたの夢を実現！			
トライ式高等学院　松本キャンパス	390-0811	長野県松本市中央 1-15-7　ハネサム松本 1F	0120-919-439
高卒認定試験対策から大学進学、将来のためのキャリア教育まで「教育支援カウンセラー」が丁寧にサポート。トライ式であなたの夢を実現！			
NPO 法人子どもサポートチームすわ	392-0015	長野県諏訪市中洲上金子 2843	0266-58-5678
個別指導・月～金曜日 10:00 ～ 15:00、予約制。通信制高校の学習支援センター併設			

【岐阜県】

トライ式高等学院　岐阜駅前キャンパス	500-8175	岐阜県岐阜市長住町 2-7　アーバンフロントビル 2F	0120-919-439
高卒認定試験対策から大学進学、将来のためのキャリア教育まで「教育支援カウンセラー」が丁寧にサポート。トライ式であなたの夢を実現！			

【静岡県】

トライ式高等学院　三島キャンパス	411-0036	静岡県三島市一番町 15-19　TG ビル 2F	0120-919-439
高卒認定試験対策から大学進学、将来のためのキャリア教育まで「教育支援カウンセラー」が丁寧にサポート。トライ式であなたの夢を実現！			
トライ式高等学院　静岡キャンパス	420-0857	静岡県静岡市葵区御幸町 6-10　静岡モディ 5F	0120-919-439
高卒認定試験対策から大学進学、将来のためのキャリア教育まで「教育支援カウンセラー」が丁寧にサポート。トライ式であなたの夢を実現！			
松浦塾	422-8033	静岡県静岡市駿河区登呂 5-13-23	054-285-9000
個別授業。個人にあった求めるものに対応、指導をする。			
元気学園	422-8034	静岡県静岡市駿河区高松 2-20-7	054-236-5011
医師と協力のもと、体調不良を改善し、体力・学力・コミュニケーション能力を高めます。毎年国公立大学に進学する生徒がいます。			
NPO 法人 フリースクール空	430-0855	静岡県浜松市中央区楊子町 93-1 あさがお新聞店内	080-5295-5785
英・数・国の個別指導を中心に、個々のペースに合わせて受験まで伴走します。通学の日時や回数は応相談。			
トライ式高等学院　浜松キャンパス	430-0933	静岡県浜松市中央区鍛冶町 140-4　浜松 A ビル 1F	0120-919-439
高卒認定試験対策から大学進学、将来のためのキャリア教育まで「教育支援カウンセラー」が丁寧にサポート。トライ式であなたの夢を実現！			
フリースクールドリーム・フィールド	435-0013	静岡県浜松市東区天竜川町 201	053-422-5203
通信制高校と高認試験を並行している子がいます。「焦らず自分のペースを大切に」をモットーにのんびりと取り組んでいます。			

【愛知県】

トライ式高等学院　豊橋キャンパス	440-0075	愛知県豊橋市花田町西宿無番地　豊橋駅ビルカルミア 4F	0120-919-439
高卒認定試験対策から大学進学、将来のためのキャリア教育まで「教育支援カウンセラー」が丁寧にサポート。トライ式であなたの夢を実現！
トライ式高等学院　東岡崎キャンパス	444-0864	愛知県岡崎市明大寺町字花東 1-1　名鉄東岡崎駅南館 2F	0120-919-439
高卒認定試験対策から大学進学、将来のためのキャリア教育まで「教育支援カウンセラー」が丁寧にサポート。トライ式であなたの夢を実現！
トライ式高等学院　名駅キャンパス	450-0002	愛知県名古屋市中村区名駅 2-45-19　桑山ビル 3F	0120-919-439
高卒認定試験対策から大学進学、将来のためのキャリア教育まで「教育支援カウンセラー」が丁寧にサポート。トライ式であなたの夢を実現！
中央高等学院　名古屋本校	450-0002	愛知県名古屋市中村区名駅 2-45-19	052-562-7585
名古屋駅からアクセスしやすい校舎で、高卒認定試験合格はもちろん、大学・専門学校進学まできめ細かく指導しています。
四谷学院　名古屋駅前教室	453-0015	愛知県名古屋市中村区椿町 16-14　四谷学院ビル	052-459-3941
プロによる 1 対 1 のきめ細やかな指導で短期合格も可能！国内・海外どこにいても、オンライン受講をご利用いただけます。
科学技術学園高校　名古屋分室	460-0003	愛知県名古屋市中区錦 1-8-33	052-222-7781
高認試験の併用で科目履修（特定の科目のみ履修し、単位の修得）を希望する方はお問い合わせください。
名古屋みらい高等学院（愛知 PFS 協会）	460-0011	愛知県名古屋市中区大須 1-21-35	052-228-0280
少人数の対応により、一人ひとりのできることに合わせたサポートを行っています。希望者は、高卒資格も取得できます。
トライ式高等学院　金山キャンパス	460-0022	愛知県名古屋市中区金山 1-15-10　NFC 金山駅前ビル 10F	0120-919-439
高卒認定試験対策から大学進学、将来のためのキャリア教育まで「教育支援カウンセラー」が丁寧にサポート。トライ式であなたの夢を実現！
四谷学院　千種駅前教室	464-0075	愛知県名古屋市千種区内山 3-26-1　四谷学院ビル	052-784-5671
プロによる 1 対 1 のきめ細やかな指導で短期合格も可能！国内・海外どこにいても、オンライン受講をご利用いただけます。
トライ式高等学院　千種キャンパス	464-0075	愛知県名古屋市千種区内山 3-30-9　nonoha 千種 2F	0120-919-439
高卒認定試験対策から大学進学、将来のためのキャリア教育まで「教育支援カウンセラー」が丁寧にサポート。トライ式であなたの夢を実現！
まなび場	467-0032	愛知県名古屋市瑞穂区弥富町 36-1	052-835-6266
少人数制。対話をしながら本人のペースを尊重し、興味を持てるように指導。全教科対応。主に英・数・理が中心。
名東学院	468-0011	愛知県名古屋市天白区平針 3-116	052-803-1839
1 対 1 の指導。曜日・時間を選べる。高認資格取得後は、進学・就職に向けての指導を行う。
トライ式高等学院　豊田キャンパス	471-0025	愛知県豊田市西町 1-200　とよた参号館 2F	0120-919-439
高卒認定試験対策から大学進学、将来のためのキャリア教育まで「教育支援カウンセラー」が丁寧にサポート。トライ式であなたの夢を実現！
トライ式高等学院　知立キャンパス	472-0037	愛知県知立市栄 1-5　エキタス知立 2F	0120-919-439
高卒認定試験対策から大学進学、将来のためのキャリア教育まで「教育支援カウンセラー」が丁寧にサポート。トライ式であなたの夢を実現！

●近畿地方

【三重県】

トライ式高等学院　四日市キャンパス	510-0075	三重県四日市市安島 1-2-5　パークサイドビル 2F	0120-919-439
高卒認定試験対策から大学進学、将来のためのキャリア教育まで「教育支援カウンセラー」が丁寧にサポート。トライ式であなたの夢を実現！
トライ式高等学院　津市駅前キャンパス	514-0009	三重県津市羽所町 242-1　近鉄津駅西口 1 F	0120-919-439
高卒認定試験対策から大学進学、将来のためのキャリア教育まで「教育支援カウンセラー」が丁寧にサポート。トライ式であなたの夢を実現！

【滋賀県】

彦根大学受験セミナー　R ゼミナール	522-0081	滋賀県彦根市京町 3-4-18	0749-22-9101
親切な個別対応で昔も今も変わらないベストの学習環境を提供。無理を作らずわかりやすい言葉と気楽な解き方で基礎から進めます。
トライ式高等学院　草津キャンパス	525-0025	滋賀県草津市西渋川 1-1-18　イーカムビル 4F	0120-919-439
高卒認定試験対策から大学進学、将来のためのキャリア教育まで「教育支援カウンセラー」が丁寧にサポート。トライ式であなたの夢を実現！
アットスクール高等学院（明蓬館 SNEC 滋賀）	525-0063	滋賀県草津市大路 1-18-28　藤井ビル 1F	077-598-1225
生徒の特性に応じて、パソコンやタブレットでネット授業を視聴し、レポートに取り組みます。発達障害のサポートも専門家が対応します。

【京都府】

フリースクールほっとハウス	601-8446	京都府京都市南区西九条高畠町 21	075-672-3125
不登校や高校中退などで高認受験をする青年を対象に、一人ひとりの学力に合わせた個別学習で合格を目指します。
安養寺フリースクール	602-8288	京都府京都市上京区中立売千本東入田丸町 379-3	075-414-4192
個人指導。個人の進度にあった勉強方法。親子支援。元教師の指導。
安養寺通信制大学・高校サポート校	603-8176	京都府京都市北区紫野上鳥田町 26	075-414-4192
個人指導。個人の進度にあった勉強方法。親子支援。元教師の指導。

トライ式高等学院　丸太町キャンパス	604-0862	京都府京都市中京区少将井町 230-1　トライグループ烏丸ビル 1F	0120-919-439
高卒認定試験対策から大学進学、将来のためのキャリア教育まで「教育支援カウンセラー」が丁寧にサポート。トライ式であなたの夢を実現！			
NPO 法人京都教育サポートセンター	604-8005	京都府京都市中京区三条川原町東入恵比須町 439　早川ビル 6F	075-211-0750
個別指導。その子にあったカリキュラム（ペース・状態）を作成する。費用面もその子に応じた価格。			
四谷学院　京都四条烏丸教室	604-8152	京都府京都市中京区烏丸通蛸薬師下ル手洗水町 678　四谷学院ビル 6F	075-212-9781
プロによる 1 対 1 のきめ細やかな指導で短期合格も可能！国内・海外どこにいても、オンライン受講をご利用いただけます。			
TOB 塾　京都南校	610-0121	京都府城陽市寺田庭井 1-6	0774-52-0012
完全個別で対応していますのでそれぞれの立ち位置や状況に応じて、0 からの学び直しから高卒認定から大学受験までフォローしています。			
塾芳春庵	612-0012	京都府京都市伏見区深草一ノ坪町 20-9	0120-21-4866
基礎から難関校受験まで個別指導。昼間部は塾長（京大文学部・神戸大学医学部出身）が直接指導。心理・学習・教育相談随時。			
トライ式高等学院　丹波橋キャンパス	612-8085	京都府京都市伏見区京町南 7-25-1　ブルームスベリー 1F	0120-919-439
高卒認定試験対策から大学進学、将来のためのキャリア教育まで「教育支援カウンセラー」が丁寧にサポート。トライ式であなたの夢を実現！			
トライ式高等学院　長岡天神キャンパス	617-0823	京都府長岡京市長岡 1-1-10　長岡プラザ 2F	0120-919-439
高卒認定試験対策から大学進学、将来のためのキャリア教育まで「教育支援カウンセラー」が丁寧にサポート。トライ式であなたの夢を実現！			
【大阪府】			
四谷学院　梅田駅前教室	530-0012	大阪府大阪市北区芝田 2-6-21　四谷学院ビル	06-6374-6861
プロによる 1 対 1 のきめ細やかな指導で短期合格も可能！国内・海外どこにいても、オンライン受講をご利用いただけます。			
トライ式高等学院　梅田キャンパス	530-0012	大阪府大阪市北区芝田 2-7-18　LUCID SQUARE UMEDA　1F	0120-919-439
高卒認定試験対策から大学進学、将来のためのキャリア教育まで「教育支援カウンセラー」が丁寧にサポート。トライ式であなたの夢を実現！			
J-Web　School　大阪校	530-0041	大阪府大阪市北区西天満 5-1-9　大和地所南森町ビル 4F	06-6867-7903
インターネット学習で、いつでも・どこでも・なんどでも学習可能です。担当サポーターによるこまめなフォローも。			
J-School　大阪校	530-0041	大阪府大阪市北区西天満 5-1-9　大和地所南森町ビル 4F	06-6867-7903
「受講生一人ひとりの学力・個性に応じた教育指導を行う」個別指導の学校で、個々のペースにより学習指導を行い、100％ 合格を目指します。			
NPO 法人　フリースクールみなも	530-0044	大阪府大阪市北区東天満 1-4-3	06-6881-0803
高認合格に必要な内容を厳選し、ピンポイントに指導します。個別指導でペースも個々に合わせて、それぞれに合った学習計画を立てていきます。			
河合塾サポートコース梅田	531-0072	大阪府大阪市北区豊崎 3-14-4　セルスタ 1F	0120-070-527
高卒認定試験の合格から高卒認定試験合格者、通信制高校在籍の方々の学習フォロー、大学進学までを河合塾がトータルにサポートします。			
スクールプラス	532-0011	大阪府大阪市淀川区西中島 4-5-22　レクシア西中島Ⅲ　4F	06-6195-3478
やりたい科目が選べる。個別指導。その生徒に合わせた指導。			
トライ式高等学院　京橋キャンパス	534-0024	大阪府大阪市都島区東野田町 2-4-20　三井住友銀行京阪京橋ビル 3F	0120-919-439
高卒認定試験対策から大学進学、将来のためのキャリア教育まで「教育支援カウンセラー」が丁寧にサポート。トライ式であなたの夢を実現！			
志塾フリースクール　クロッキオ教室	535-0031	大阪府大阪市旭区高殿 7-18-7	06-4392-4109
一人ひとりの目標や進度に寄り添って学習を進めます。また、相談できる場所・安心して過ごせる居場所としても利用できます。			
四谷学院　なんば駅前教室	542-0076	大阪府大阪市中央区難波 2-3-7　南海難波御堂筋ウエスト 1F	06-6211-5061
プロによる 1 対 1 のきめ細やかな指導で短期合格も可能！国内・海外どこにいても、オンライン受講をご利用いただけます。			
四谷学院　天王寺駅前教室	543-0054	大阪府大阪市天王寺区南河堀町 10-12　四谷学院ビル	06-6643-9781
プロによる 1 対 1 のきめ細やかな指導で短期合格も可能！国内・海外どこにいても、オンライン受講をご利用いただけます。			
トライ式高等学院　天王寺キャンパス	545-0051	大阪府大阪市阿倍野区旭町 1-1-10　竹澤ビル 2F	0120-919-439
高卒認定試験対策から大学進学、将来のためのキャリア教育まで「教育支援カウンセラー」が丁寧にサポート。トライ式であなたの夢を実現！			
科学技術学園高校　大阪分室	550-0004	大阪府大阪市西区靱本町 1-8-4	06-6479-0335
高認試験の併用で科目履修（特定の科目のみ履修し、単位の修得）を希望する方はお問い合わせください。			
アットスクール大阪校	553-0003	大阪府大阪市福島区福島 7-14-18-601	06-6225-7020
マンツーマンの個別指導により、一人ひとりに合わせた学習支援を実施。高認後の大学受験指導や発達障害サポートもご相談ください。			
志塾フリースクール　レヴィスタ教室	557-0031	大阪府大阪市西成区鶴見橋 2-10-20（レヴィスタ教室）	06-4392-4109
一人ひとりの目標や進度に寄り添って学習を進めます。また、相談できる場所・安心して過ごせる居場所としても利用できます。			
トライ式高等学院　豊中キャンパス	560-0021	大阪府豊中市本町 3-1-57　ルミエール豊中 2F	0120-919-439
高卒認定試験対策から大学進学、将来のためのキャリア教育まで「教育支援カウンセラー」が丁寧にサポート。トライ式であなたの夢を実現！			
トライ式高等学院　千里中央キャンパス	560-0082	大阪府豊中市新千里東町 1-4-1　阪急千里中央ビル 5F	0120-919-439
高卒認定試験対策から大学進学、将来のためのキャリア教育まで「教育支援カウンセラー」が丁寧にサポート。トライ式であなたの夢を実現！			
パーソナルアカデミー	563-0047	大阪府池田市室町 1-8　阪急池田駅前ビル 2F	072-753-7203
阪急宝塚線池田駅降りてすぐ。個別指導で、短期での高認合格を目指せます。小・中学生の内容からの学びなおしもできます。			

トライ式高等学院　茨木キャンパス	567-0829	大阪府茨木市双葉町 2-29　エスタシオン茨木 3F	0120-919-439
高卒認定試験対策から大学進学、将来のためのキャリア教育まで「教育支援カウンセラー」が丁寧にサポート。トライ式であなたの夢を実現！			
フリースクール　はらいふ	569-1051	大阪府高槻市原 91-13	072-668-6440
当フリースクールの入会を前提としない無料相談を実施しています。高認の出願に関することなども、お気軽にご相談ください。			
トライ式高等学院　布施キャンパス	577-0841	大阪府東大阪市足代 2-3-6　橋本ビル 2F	0120-919-439
高卒認定試験対策から大学進学、将来のためのキャリア教育まで「教育支援カウンセラー」が丁寧にサポート。トライ式であなたの夢を実現！			
フリースクールレイバス　大阪南校	580-0024	大阪府松原市東新町 4-16-3　2・3F	070-1400-9639
少人数で、一人ひとりに合った形で学習指導を実施。高認試験・大学入試まで見据えて伴走します。			
お昼間の塾　わなどぅ	591-8025	大阪府堺市北区長曾根町 3083-19　サンティアラビル 3F	06-6946-7588
フリースクールで受験に関する個別相談・スケジュール作成が出来ます！教室には教材もたくさんあるのでご活用ください！			
トライ式高等学院　鳳キャンパス	593-8324	大阪府堺市西区鳳東町 4-354-1　プリモ鳳 2F	0120-919-439
高卒認定試験対策から大学進学、将来のためのキャリア教育まで「教育支援カウンセラー」が丁寧にサポート。トライ式であなたの夢を実現！			
トライ式高等学院　岸和田キャンパス	596-0076	大阪府岸和田市野田町 1-6-21　88 ビル 4F	0120-919-439
高卒認定試験対策から大学進学、将来のためのキャリア教育まで「教育支援カウンセラー」が丁寧にサポート。トライ式であなたの夢を実現！			
【兵庫県】			
学校法人神戸セミナー（松蔭高校　神戸元町学習センター併設）	650-0011	兵庫県神戸市中央区下山手通 8-4-26	078-341-1897
高校中退や不登校から大学受験を目指す人のための予備校です。通信制高校を併設しています。高認・高卒どちらのサポートもできます。			
トライ式高等学院　元町キャンパス	650-0012	兵庫県神戸市中央区北長狭通 5-1-2　太陽ビル 1F	0120-919-439
高卒認定試験対策から大学進学、将来のためのキャリア教育まで「教育支援カウンセラー」が丁寧にサポート。トライ式であなたの夢を実現！			
神戸自由学院	650-0012	兵庫県神戸市中央区北長狭通り 7-3-11	078-360-0016
個人指導または少人数制。英・数・国・社対応。アットホームな雰囲気。ゆっくりと高認資格取得後の進路を考えてサポート。			
トライ式高等学院　三宮キャンパス	650-0021	兵庫県神戸市中央区三宮町 1-5-1　銀泉三宮ビル 6F	0120-919-439
高卒認定試験対策から大学進学、将来のためのキャリア教育まで「教育支援カウンセラー」が丁寧にサポート。トライ式であなたの夢を実現！			
四谷学院　神戸三宮教室	650-0021	兵庫県神戸市中央区三宮町 2-11-1　センタープラザ西館 4F	078-331-9611
プロによる 1 対 1 のきめ細やかな指導で短期合格も可能！国内・海外どこにいても、オンライン受講をご利用いただけます。			
フリースクール For Life	655-0022	兵庫県神戸市垂水区瑞穂通 7-2	078-706-6186
当教室では、高認試験の個別学習指導を行なうと共に、併設のフリースクールの小中高生との交流・体験を大切にしています。			
Dull Boi Academy（ダルボイ・アカデミー）	658-0047	兵庫県神戸市東灘区御影 2-5-10	078-855-2612
「educo（エデュコ）」プログラムで脳幹を刺激し、モチベーションを高めていきます。ICT 教材で学習課題を最適化！高卒認定取得を目指します。			
トライ式高等学院　尼崎キャンパス	661-0976	兵庫県尼崎市潮江 1-16-1　アミング潮江ウエスト 2 番館 3F	0120-919-439
高卒認定試験対策から大学進学、将来のためのキャリア教育まで「教育支援カウンセラー」が丁寧にサポート。トライ式であなたの夢を実現！			
トライ式高等学院　西宮北口キャンパス	662-0833	兵庫県西宮市北昭和町 3-18　カサマドンナ V　2・3F	0120-919-439
高卒認定試験対策から大学進学、将来のためのキャリア教育まで「教育支援カウンセラー」が丁寧にサポート。トライ式であなたの夢を実現！			
TOB塾　西宮本校	663-8032	兵庫県西宮市高木西町 14-6	0798-56-7139
完全個別で対応していますのでそれぞれの立ち位置や状況に応じて、0 からの学び直しから高卒認定から大学受験までフォローしています。			
四谷学院　西宮北口教室	663-8035	兵庫県西宮市北口町 1-2-136　アクタ西宮東館 3F	0798-31-5451
プロによる 1 対 1 のきめ細やかな指導で短期合格も可能！国内・海外どこにいても、オンライン受講をご利用いただけます。			
アップ高等学院	663-8204	兵庫県西宮市高松町 5-22　阪急西宮ガーデンズゲート館 6F	0798-61-7750
高卒認定試験対策から大学進学支援を少人数キャンパスでサポート！授業は全て個別 1 対 1 で効率的に進められます！			
トライ式高等学院　姫路キャンパス	670-0927	兵庫県姫路市駅前校町 254　姫路駅前ビル 5F	0120-919-439
高卒認定試験対策から大学進学、将来のためのキャリア教育まで「教育支援カウンセラー」が丁寧にサポート。トライ式であなたの夢を実現！			
トライ式高等学院　西明石キャンパス	673-0016	兵庫県明石市松の内 2-1-6　コーポ山口 3F	0120-919-439
高卒認定試験対策から大学進学、将来のためのキャリア教育まで「教育支援カウンセラー」が丁寧にサポート。トライ式であなたの夢を実現！			
トライ式高等学院　加古川キャンパス	675-0064	兵庫県加古川市加古川町溝之口 510-51　平成ビル 3F	0120-919-439
高卒認定試験対策から大学進学、将来のためのキャリア教育まで「教育支援カウンセラー」が丁寧にサポート。トライ式であなたの夢を実現！			
デモクラティックスクール　まっくろくろすけ	679-2324	兵庫県神崎郡市川町坂戸 592	0790-26-1129
デモクラティックスクールに通いたい人の中で、希望があれば個人又は少人数で学習します。			
【奈良県】			
トライ式高等学院　生駒キャンパス	630-0257	奈良県生駒市元町 1-5-12　本城ビル 2F	0120-919-439
高卒認定試験対策から大学進学、将来のためのキャリア教育まで「教育支援カウンセラー」が丁寧にサポート。トライ式であなたの夢を実現！			
TOB塾　奈良校	631-0034	奈良県奈良市学園南 1-1-18	090-6053-7855
完全個別で対応していますのでそれぞれの立ち位置や状況に応じて、0 からの学び直しから高卒認定から大学受験までフォローしています。			

トライ式高等学院　西大寺キャンパス	631-0821	奈良県奈良市西大寺東町 2-1-31　サンワ西大寺東町ビル 7F	0120-919-439
高卒認定試験対策から大学進学、将来のためのキャリア教育まで「教育支援カウンセラー」が丁寧にサポート。トライ式であなたの夢を実現！			
奈良 YMCA 心のフリースクール	631-0823	奈良県奈良市西大寺国見町 2-14-1	0742-44-2207
一人ひとりのペースに合わせて個別に学習支援します。コミュニケーション能力を育て、楽しく日々を過ごすことを大切にします。			
トライ式高等学院　大和八木キャンパス	634-0804	奈良県橿原市内膳町 5-2-32　ナカタニ第壱ビル 3F	0120-919-439
高卒認定試験対策から大学進学、将来のためのキャリア教育まで「教育支援カウンセラー」が丁寧にサポート。トライ式であなたの夢を実現！			
【和歌山県】			
トライ式高等学院　和歌山キャンパス	640-8331	和歌山県和歌山市美園町 5-2-5　アイワビル 3F	0120-919-439
高卒認定試験対策から大学進学、将来のためのキャリア教育まで「教育支援カウンセラー」が丁寧にサポート。トライ式であなたの夢を実現！			

●中国・四国地方

【鳥取県】			
トライ式高等学院　鳥取キャンパス	680-0834	鳥取県鳥取市永楽温泉町 151　永楽寿商事ビル 2F	0120-919-439
高卒認定試験対策から大学進学、将来のためのキャリア教育まで「教育支援カウンセラー」が丁寧にサポート。トライ式であなたの夢を実現！			
【島根県】			
志塾フリースクール　まつえ教室	690-0002	島根県松江市大正町 442-6　今岡ビル 1F	050-1487-3043
一人ひとりの目標や進度に寄り添って学習を進めます。また、相談できる場所・安心して過ごせる居場所としても利用できます。			
トライ式高等学院　松江キャンパス	690-0003	島根県松江市東朝日町 498　松江センタービル 1F	0120-919-439
高卒認定試験対策から大学進学、将来のためのキャリア教育まで「教育支援カウンセラー」が丁寧にサポート。トライ式であなたの夢を実現！			
志塾フリースクール　いわみ教室	698-0005	島根県益田市本町 2-15	080-4823-9049
一人ひとりの目標や進度に寄り添って学習を進めます。また、相談できる場所・安心して過ごせる居場所としても利用できます。			
【岡山県】			
トライ式高等学院　岡山キャンパス	700-0901	岡山県岡山市北区本町 1-2　炭屋ビル 5F	0120-919-439
高卒認定試験対策から大学進学、将来のためのキャリア教育まで「教育支援カウンセラー」が丁寧にサポート。トライ式であなたの夢を実現！			
トライ式高等学院　倉敷キャンパス	710-0055	岡山県倉敷市阿知 1-7-1　天満屋倉敷店 5F	0120-919-439
高卒認定試験対策から大学進学、将来のためのキャリア教育まで「教育支援カウンセラー」が丁寧にサポート。トライ式であなたの夢を実現！			
【広島県】			
トライ式高等学院　福山キャンパス	720-0066	広島県福山市三之丸町 4-1　ツツミビル 3F	0120-919-439
高卒認定試験対策から大学進学、将来のためのキャリア教育まで「教育支援カウンセラー」が丁寧にサポート。トライ式であなたの夢を実現！			
楽らくゼミナール	730-0847	広島県広島市中区舟入南 1-4-41	082-234-1004
発達障害の子、集団が苦手な子、不登校のカウンセリング。丁寧にその子の学力に応じながら指導。取得後も指導。全教科対応。			
四谷学院　広島駅前教室	732-0053	広島県広島市東区若草町 12-1　アクティブインターシティ広島 1F	082-263-3671
プロによる 1 対 1 のきめ細やかな指導で短期合格も可能！国内・海外どこにいても、オンライン受講をご利用いただけます。			
トライ式高等学院　広島キャンパス	732-0822	広島県広島市南区松原町 5-1　ビッグフロント広島タワービル 6F	0120-919-439
高卒認定試験対策から大学進学、将来のためのキャリア教育まで「教育支援カウンセラー」が丁寧にサポート。トライ式であなたの夢を実現！			
トライ式高等学院　横川キャンパス	733-0011	広島県広島市西区横川町 2-9-1　マツモトビル 1F	0120-919-439
高卒認定試験対策から大学進学、将来のためのキャリア教育まで「教育支援カウンセラー」が丁寧にサポート。トライ式であなたの夢を実現！			
ATJ エスクール	734-0053	広島県広島市南区青崎 1-17-28	080-1725-8216
心身共に元気に。岡山校もありアレクサンダーテクニーク・NLP・高速学習法も取り入れています。			
Free School あいびぃ	739-0014	広島県東広島市西条昭和町 5-3	082-424-3391
自分の目的・ペースに合わせて指導。個別指導。合格するための指導。大学進学が目的。			
【山口県】			
NPO 法人 Nest	751-0832	山口県下関市生野町 2-27-7　4F	083-255-1026
本人の希望に添って、学習サポートを行っている。			
トライ式高等学院　新山口キャンパス	754-0043	山口県山口市小郡明治 2-12-5　TPU ビル 2F	0120-919-439
高卒認定試験対策から大学進学、将来のためのキャリア教育まで「教育支援カウンセラー」が丁寧にサポート。トライ式であなたの夢を実現！			
【徳島県】			
四国高等学院	770-0022	徳島県徳島市佐古 2 番町 5-18	088-626-1359
過去 20 年間安心のサポート体制で一貫して年内全員合格。日本で初めて合格保証制度を採用。高卒認定資格取得後の専門学校・大学への進学対策も万全。			

トライ式高等学院　徳島キャンパス	770-0831	徳島県徳島市寺島本町西 1-57　徳島駅前ターミナルビル 4F	0120-919-439
高卒認定試験対策から大学進学、将来のためのキャリア教育まで「教育支援カウンセラー」が丁寧にサポート。トライ式であなたの夢を実現！			
【香川県】			
トライ式高等学院　高松キャンパス	760-0054	香川県高松市常磐町 1-3-1　瓦町 FLAG　9F	0120-919-439
高卒認定試験対策から大学進学、将来のためのキャリア教育まで「教育支援カウンセラー」が丁寧にサポート。トライ式であなたの夢を実現！			
【愛媛県】			
フリースクール　楓・松山東林館	790-0006	愛媛県松山市南堀端町 5-10　清水ビル 3F	089-948-8106
高認経験者（大学卒業）が目標・ペースに合わせてサポート。1回 1〜2時間の回数制、小規模ながら居心地を大事にしています。			
トライ式高等学院　松山キャンパス	790-0011	愛媛県松山市千舟町 5-5-3　EME 松山千舟町ビル 1F	0120-919-439
高卒認定試験対策から大学進学、将来のためのキャリア教育まで「教育支援カウンセラー」が丁寧にサポート。トライ式であなたの夢を実現！			
【高知県】			
トライ式高等学院　高知キャンパス	780-0833	高知県高知市南はりやま町 1-17-1　ケンタッキービル 3F	0120-919-439
高卒認定試験対策から大学進学、将来のためのキャリア教育まで「教育支援カウンセラー」が丁寧にサポート。トライ式であなたの夢を実現！			
フリースクール　ウィン	780-8010	高知県高知市桟橋通 3-26-29	088-833-1137
ぼく流、わたし流、それがウィン流！一人ひとりの個性に応じた指導で高認合格を目指します！			

●九州・沖縄地方

【福岡県】			
四谷学院　北九州小倉駅前教室	802-0001	福岡県北九州市小倉北区浅野 2-14-2　小倉興産 16 号館 11F	093-533-6631
プロによる 1 対 1 のきめ細やかな指導で短期合格も可能！国内・海外どこにいても、オンライン受講をご利用いただけます。			
一ツ葉高校　小倉キャンパス	802-0002	福岡県北九州市小倉北区京町 3-14-17　5F	093-533-8101
高認受験学習と単位修得を合わせることで、短期間で高卒同等の資格を最長 1 年で取得します。〔高認資格取得 100%〕			
トライ式高等学院　小倉キャンパス	802-0006	福岡県北九州市小倉北区魚町 1-4-21　北九州魚町センタービル 2F	0120-919-439
高卒認定試験対策から大学進学、将来のためのキャリア教育まで「教育支援カウンセラー」が丁寧にサポート。トライ式であなたの夢を実現！			
大学受験の TG 吉村	807-0825	福岡県北九州市八幡西区折尾 3-1-14　TG ビル	093-601-0075
1 対 1 の個別授業で、高卒認定からの高度な大学受験や海外留学にも対応。生徒のポテンシャルを引き出します			
トライ式高等学院　薬院キャンパス	810-0004	福岡県福岡市中央区渡辺通 2-4-8　福岡小学館ビル 2F	0120-919-439
高卒認定試験対策から大学進学、将来のためのキャリア教育まで「教育支援カウンセラー」が丁寧にサポート。トライ式であなたの夢を実現！			
四谷学院　福岡天神教室	810-0041	福岡県福岡市中央区大名 2-1-24　四谷学院ビル	092-731-7121
プロによる 1 対 1 のきめ細やかな指導で短期合格も可能！国内・海外どこにいても、オンライン受講をご利用いただけます。			
トライ式高等学院　福岡天神キャンパス	810-0041	福岡県福岡市中央区大名 2-9-30　淀ビル 1F	0120-919-439
高卒認定試験対策から大学進学、将来のためのキャリア教育まで「教育支援カウンセラー」が丁寧にサポート。トライ式であなたの夢を実現！			
一ツ葉高校　福岡博多駅前キャンパス	812-0016	福岡県福岡市博多区博多駅前 3-27-24　9F	092-431-2550
高認受験学習と単位修得を合わせることで、短期間で高卒同等の資格を最長 1 年で取得します。〔高認資格取得 100%〕			
一ツ葉高校　福岡西新キャンパス	814-0002	福岡市早良区西新 1-8-21　西新新光ハイム 2F	092-407-7160
高認受験学習と単位修得を合わせることで、短期間で高卒同等の資格を最長 1 年で取得します。〔高認資格取得 100%〕			
高宮学院　高卒認定コース・大学受験コース	815-0041	福岡県福岡市南区野間 1-10-1　松崎西ビル 4F	092-554-1777
最低 3 日の出席で高認 7 科目を公的に免除合格、高認試験は 1 科目のみで OK という独自のカリキュラム。学力不問、3 か月で確実に合格。			
トライ式高等学院　久留米キャンパス	830-0033	福岡県久留米市天神町 1-6　FLAG　KURUME　2F	0120-919-439
高卒認定試験対策から大学進学、将来のためのキャリア教育まで「教育支援カウンセラー」が丁寧にサポート。トライ式であなたの夢を実現！			
久留米ゼミナール　大学受験科　高卒認定コース	830-0033	福岡県久留米市天神町 2-56	0942-35-4970
高認と大学入試を同時に対策可能。受講科目を選択できるので一人ひとりに合わせて無理なく合格できるスケジュールを作成します。			
【佐賀県】			
トライ式高等学院　佐賀キャンパス	840-0801	佐賀県佐賀市駅前中央 1-6-20　駅前局ビル 3F	0120-919-439
高卒認定試験対策から大学進学、将来のためのキャリア教育まで「教育支援カウンセラー」が丁寧にサポート。トライ式であなたの夢を実現！			
久留米ゼミナール　大学受験科　高卒認定コース	840-0804	佐賀県佐賀市神野東 4-2-10	0952-30-0303
高認と大学入試を同時に対策可能。受講科目を選択できるので一人ひとりに合わせて無理なく合格できるスケジュールを作成します。			
【長崎県】			
トライ式高等学院　長崎キャンパス	852-8154	長崎県長崎市住吉町 2-26　シャンドゥブレ住吉 2F	0120-919-439
高卒認定試験対策から大学進学、将来のためのキャリア教育まで「教育支援カウンセラー」が丁寧にサポート。トライ式であなたの夢を実現！			

トライ式高等学院　佐世保キャンパス	857-0862	長崎県佐世保市白南風町 1-16　エス・プラザ 2F	0120-919-439
高卒認定試験対策から大学進学、将来のためのキャリア教育まで「教育支援カウンセラー」が丁寧にサポート。トライ式であなたの夢を実現！			

【熊本県】

トライ式高等学院　熊本キャンパス	860-0047	熊本県熊本市西区春日 1-14-2　くまもと森都心 201	0120-919-439
高卒認定試験対策から大学進学、将来のためのキャリア教育まで「教育支援カウンセラー」が丁寧にサポート。トライ式であなたの夢を実現！			
一ツ葉高校　熊本キャンパス	860-0844	熊本県熊本市水道町 5-21-601	096-212-5250
高認受験学習と単位修得を合わせることで、短期間で高卒同等の資格を最長 1 年で取得します。〔高認資格取得 100%〕			
フリースクール青山教室	862-0911	熊本県熊本市東区健軍 4-5-16	096-285-7461
青山教室は、不登校を支援するフリースクールです。学習指導、進路指導などの他、職場体験や学校見学などの課外活動も経験できます。			
江原予備校	862-0950	熊本県熊本市中央区水前寺 3-1-3	096-382-6761
個別指導。ひとりひとりの対応が細やか。オリジナルテキスト。高認後の大学受験、専門学校部あり。医療看護受験あり。通信講座あり。フリースクールあり。			
志成館　高認受験科	862-0971	熊本県熊本市中央区大江本町 7-3	096-371-3870
一人ひとりの能力に合わせた特別プログラムが用意されており、到達度の確認をしながら高認合格レベルまで懇切丁寧に指導。			

【大分県】

トライ式高等学院　大分キャンパス	870-0026	大分県大分市金池町 2-6-15　EME 大分駅前ビル 1F	0120-919-439
高卒認定試験対策から大学進学、将来のためのキャリア教育まで「教育支援カウンセラー」が丁寧にサポート。トライ式であなたの夢を実現！			

【宮崎県】

トライ式高等学院　宮崎キャンパス	880-0805	宮崎県宮崎市橘通東 4-6-30　朝日生命宮崎第 2 ビル 1F	0120-919-439
高卒認定試験対策から大学進学、将来のためのキャリア教育まで「教育支援カウンセラー」が丁寧にサポート。トライ式であなたの夢を実現！			

【鹿児島県】

学校法人 鮫島学園 専修学校 鹿児島高等予備校「みらいコース」	890-0051	鹿児島県鹿児島市高麗町 15-10	099-293-5151
高校中退者や通信制高校在籍者を対象に、高認試験合格から大学合格まで無理や無駄のない対策をしています。			
トライ式高等学院　鹿児島中央キャンパス	890-0053	鹿児島県鹿児島市中央町 10　キャンセビル 5F	0120-919-439
高卒認定試験対策から大学進学、将来のためのキャリア教育まで「教育支援カウンセラー」が丁寧にサポート。トライ式であなたの夢を実現！			
NPO 法人しののめフリースクール	890-0065	鹿児島県鹿児島市郡元 1-16-50	080-9108-8436
様々な事情を抱える子どもたちのメンタルケアに重点を起きながら、全体的な本人の意欲を高めていける様な関わりを心がけています。			
桜心学院　高等部・中等部	892-0847	鹿児島県鹿児島市西千石町 3-21　有馬ビル 6F	099-813-7515
個別指導のプロの講師が、一人ひとりに合わせた特別プログラムで高認試験から大学進学まで丁寧にサポートします。			
そらひフリースクール	899-5432	鹿児島県姶良市宮島町 14-1	0995-40-416
勉強が苦手でも大丈夫。個々のペースに合わせて指導させていただきます。			

【沖縄県】

トライ式高等学院　那覇新都心キャンパス	900-0006	沖縄県那覇市おもろまち 3-3-1　コープあっぷるタウン 2F	0120-919-439
高卒認定試験対策から大学進学、将来のためのキャリア教育まで「教育支援カウンセラー」が丁寧にサポート。トライ式であなたの夢を実現！			
トライ式高等学院　小禄キャンパス	901-0151	沖縄県那覇市鏡原町 34-21　コープおろく 2F	0120-919-439
高卒認定試験対策から大学進学、将来のためのキャリア教育まで「教育支援カウンセラー」が丁寧にサポート。トライ式であなたの夢を実現！			
沖縄グローバル高等学院	902-0067	沖縄県那覇市安里 361-34　託一ビル 6F	098-884-7320
生徒一人ひとりの資質や個性を伸ばしつつ、空いた時間を活かした海外留学をサポートします。短期～高校留学まで対応可能です。			
志塾フリースクール　うるま教室	904-2211	沖縄県うるま市字堅 28	080-7175-4688
一人ひとりの目標や進度に寄り添って学習を進めます。また、相談できる場所・安心して過ごせる居場所としても利用できます。			
八洲学園大学国際高等学校	905-0207	沖縄県国頭郡本部町備瀬 1249	0120-917-840
高認試験に 1 科目以上合格して、残りの科目を必要最少限で全て本校にて修得することが出来ます。			

●全国

第一学院高等学校　高認取得通信コース			0120-761-080
最短で効率的に高卒認定試験合格を目指すコースです。			
J-Web　School			0120-142-359
日本全国はもちろん、海外からも受講可能。ご自宅でのネット学習で高認合格を目指し、将来の選択肢の幅を広げてみませんか？			

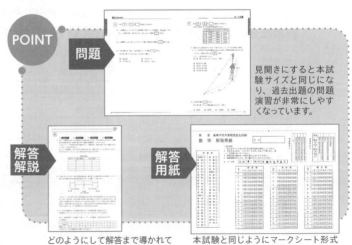

弱点を知る！本番前の総仕上げ！ミスを防ぐ！

模擬試験を受けよう！

✓ 試験前だからこそ、浮き彫りになった弱点を克服できる！

✓ 自分の現在のレベルを正確に把握できる！

✓ 徹底した本試験分析に基づく予想問題を出題！

試験傾向をJ-Web School講師が徹底分析！

新教育課程
対応

公開模擬試験

自宅
受験

【J-Web School の模擬試験】

受験料	1科目　2,200円（10%税込）
試験科目	国語・歴史・地理 公共・数学・科学と人間生活・化学基礎 生物基礎・地学基礎・英語
試験日	A 日 程（8月試験向け） 申込締切：2024年6月6日（木） 実施期間：2024年6月6日（木）〜6月20日（木） B 日 程（11月試験向け） 申込締切：2024年9月9日（月） 実施期間：2024年9月9日（月）〜9月24日（火）

手続方法	J-Web School公開模擬試験受付窓口にTELまたはFAX、郵送、インターネット受付
成績表	※成績表と解答解説冊子発送	
お問い合わせ	Ｔ Ｅ Ｌ	0120-142359
	受付時間	平日　10：00 〜 19：00 土日　10：00 〜 18：00

http://www.j-webschool.net/

詳細な分析で自分の得意・不得意を理解する

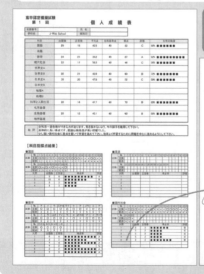

試験全体の総評、科目別評価、平均点、合格可能度のほか、「科目別採点結果」各問題の正誤や配点、大問別の評価までわかり、自分の弱点を詳細に分析できる。

■数学

正誤	No.	ア	イ	ウ	エオカ	キク	ケ	ア	イウ	エ	ア
	正誤	○	○	○	○	○	○	○	×	○	○
	配点	2	2	1	5	5	5	5	5	5	5
正誤	No.	イ	ウ	エオ	アイ	ウ	エ	オカキ	ア	イ	アイウ
	正誤	○	○	○	×	○	×	○	○	○	○
	配点	3	2	5	3	2	5	3	5	5	5
正誤	No.	エオカ	キク	ケコサ	シス						
	正誤	○	○	○	○						
	配点	5	5	5	5						

大問	出題数	正答数	得点率	評価
1	6	6	■■■■■■■■■■	A
2	3	2	■■■■■■■	B
3	4	4	■■■■■■■■■■	A
4	4	2	■■■■■	C
5	2	2	■■■■■■■■■■	A
6	5	5	■■■■■■■■■■	A

過去問を充分勉強しても、「試験慣れ」したとは言えません。試験本番には、解答形式、マークシートの記入方法、時間配分、緊張や不安といった精神面も考慮しながら臨まなければなりません。しかし、高認試験は高校や大学受験と違い、模擬試験を受ける機会が限られています。また、自宅で学習することの多い受験生にとっては、「普段からテストそのものを受けていない」という人も多いのではないでしょうか。そうした高認受験者の期待に応えるべく、長年、高卒認定予備校として高い実績を誇る J-Web School が「公開模擬試験」を実施しています。

高認模試の醍醐味とは

J-Web School 代表取締役 植田宗治さんに聞く

多くの受験者の期待に応えて

J-Web School では、これまでにも内部生に向けた模擬試験を行ってきました。しかし、昨今高認模試を受ける機会が減った影響か、一般の方からの問い合わせも多くなりました。そうした声にお応えして、昨年より「公開模擬試験」をオープンさせました。

ニーズとしては、全科目受験を希望する方は少なく、ある程度、科目を絞ったかたちで臨まれる方が大半です。中でも問い合わせの多い科目が「科学と人間生活」。新課程の中でも今までになかった科目ですから、注目度は高いですね。何より「過去問」というものがあまり存在しませんから、非常に貴重な機会になると思います。

本当の意味での試験慣れ

模擬試験受験の最大の目的は「試験そのものに慣れる」ことでしょう。例えば、実際の問題用紙の表紙にはいくつかの注意事項が書かれています。科目によってはこれが裏表紙にも続きます。問題形式も「共通選択問題」と「選択問題」があり、「選択問題」は両方解答してしまうと配点してもらえません。これらを確認せずに解答してしまい、「後でミスに気づいた」という失敗談は決して珍しくないのです。

一度でも実際の試験を経験した方であれば、そうした失敗は防げるはずです。ただ、初めて受験される方であれば、こうしたことを知らないのも無理はありません。

特に高認受験者の場合は自宅で学習を進める方が多いですから、学校や予備校に通っていない限り、試験での注意事項など大切な情報を得る機会は必然的に少なくなりますね。普段独学で頑張っている人ほど、模擬試験で「意外な気づき」を発見するかもしれません。

高卒認定試験はセンター試験とパターンがよく似ていますが、多くの方がセンターの模擬試験を受験するのも、こうした受験経験を得ようとするからです。

こうした「試験慣れ」を経験しておけば、本番での時間的ロスや失敗を減らすことができ、解答に集中できます。それだけでも模擬試験は大きな意義を持つと思います。

J-Web School の「公開模擬試験」とは？

当校では今年の8月試験向けにA日程を6月、11月試験向けにB日程を9月に「公開模擬試験」を実施致しております。

当校は普段インターネットを使って学習を進めていますが、模擬試験に関しては、それぞれのご自宅で受験して頂く形式を取っています。受験後、答案を送って頂き、その後、成績表を返送するという流れになります。成績は4段階評価し、単元の得意・不得意、強化すべき部分を示すという診断も行っています。

自宅で受験することになりますので、試験の流れや注意事項は動画サイトなどにアップすることも検討しています。自宅といえども、極力本番の雰囲気を味わってもらいたいというのが大きな狙いです。

❶ 高等学校で修得した単位による免除要件

Ⓐ…令和4年4月以降に入学した者

①免除を受けることができる試験科目	②高等学校の科目	③免除に必要な修得単位数	備考
国語	現代の国語	2	両方必要
国語	言語文化	2	
地理	地理総合	2	
歴史	歴史総合	2	
公共	公共	2	
数学	数学I	3	
科学と人間生活	科学と人間生活	2	
物理基礎	物理基礎	2	
化学基礎	化学基礎	2	
生物基礎	生物基礎	2	
地学基礎	地学基礎	2	
英語	英語コミュニケーションI	3	

Ⓑ…平成24年4月から令和4年3月までの間に入学した者

①免除を受けることができる試験科目	②高等学校の科目	③免除に必要な修得単位数	備考
国語（右のどちらか一方）の条件を満たす	国語表現I	2	平成25年3月までに入学した者は、どちらか1科目で免除可能
	国語総合	4	
	国語総合	4	平成25年4月以降に入学した者のみ
地理	地理A	2	いずれか1科目で免除可能
	地理B	4	
歴史	世界史A	2	いずれか1科目で免除可能
	世界史B	4	
	日本史A	2	
	日本史B	4	
公共	現代社会	2	1科目のみで免除可能
	倫理	2	両方必要
	政治・経済	2	
数学	数学I	3	いずれか1科目で免除可能
	工業数理基礎	2	
科学と人間生活	科学と人間生活	2	
物理基礎	物理基礎	2	
化学基礎	化学基礎	2	
生物基礎	生物基礎	2	
地学基礎	地学基礎	2	
英語（右のどちらか一方）の条件を満たす	オーラル・コミュニケーションI	2	平成25年3月までに入学した者は、どちらか1科目で免除可能
	英語I	3	
	コミュニケーション英語I	3	平成25年4月以降に入学した者のみ

Ⓒ…平成15年4月から平成24年3月までの間に入学した者

①免除を受けることができる試験科目	②高等学校の科目	③免除に必要な修得単位数	備考
国語	国語表現I	2	どちらか1科目で免除可能
	国語総合	4	
地理	地理A	2	どちらか1科目で免除可能
	地理B	4	
歴史	世界史A	2	いずれか1科目で免除可能
	世界史B	4	
	日本史A	2	
	日本史B	4	
公共	現代社会	2	1科目のみで免除可能
	倫理	2	両方必要
	政治・経済	2	
数学	数学基礎	2	いずれか1科目で免除可能
	数学I	3	
	工業数理基礎	2	
科学と人間生活	理科基礎	2	いずれか1科目で免除可能
	理科総合A	2	
	理科総合B	2	
物理基礎	物理I	3	
化学基礎	化学I	3	
生物基礎	生物I	3	
地学基礎	地学I	3	
英語	オーラル・コミュニケーションI	2	どちらか1科目で免除可能
	英語I	3	

Ⓓ…平成6年4月から平成15年3月までの間に入学した者

①免除を受けることができる試験科目	②高等学校の科目	③免除に必要な修得単位数	備考
国語（右のどちらか一方）の条件を満たす	国語I	4	両方必要
	国語II	4	
	国語I	4	全て必要
	現代文	2	
	古典I	3	
地理	地理A	2	どちらか1科目で免除可能
	地理B	4	
歴史	世界史A	2	いずれか1科目で免除可能
	世界史B	4	
	日本史A	2	
	日本史B	4	
公共	現代社会	4	1科目のみで免除可能
	倫理	2	両方必須
	政治・経済	2	
数学	数学I	4	いずれか1科目で免除可能
	数学II	3	
	数学A	2	
	工業数理	2	
科学と人間生活	総合理科	4	
物理基礎	物理IA	2	どちらか1科目で免除可能
	物理IB	4	
化学基礎	化学IA	2	どちらか1科目で免除可能
	化学IB	4	
生物基礎	生物IA	2	どちらか1科目で免除可能
	生物IB	4	
地学基礎	地学IA	2	どちらか1科目で免除可能
	地学IB	4	
英語	英語I、英語II、オーラル・コミュニケーションA、オーラル・コミュニケーションB、オーラル・コミュニケーションC、リーディング、ライティング	8	左記の7科目から組み合わせて合計8単位以上が必要

※単位修得証明書は、一定以上の期間が経過していると、保存年限の経過により学校によっては発行ができない場合があります。修得単位が確認できない場合、免除申請はできませんので注意してください。

※平成15年4月以降平成24年3月までに入学し、「理数数学I」、「理数物理」、「理数化学」、「理数生物」、「理数地学」の各科目について3単位以上修得している方、又は平成24年4月以降に入学し「理数数学I」を3単位以上、「理数物理」、「理数化学」、「理数生物」、「理数地学」の各科目について2単位以上修得している方は、それぞれ試験科目の「数学」、「物理基礎」、「化学基礎」、「生物基礎」、「地学基礎」の免除を受けることができます。

※平成6年4月より前に入学した方の免除確認表については、文部科学省ホームページをご覧ください。
　<URL>https://www.mext.go.jp/a_menu/koutou/
　shiken/06033010/007.htm

※昭和57年4月より前に入学した方及び平成15年4月より前に理数科に入学した方の免除要件については、文部科学省生涯学習推進課に連絡してください。

❷ 高等専門学校（5年制）で単位を修得した方

免除確認表（高等専門学校）〈平成15年4月以降に入学した方〉

※平成15年4月より前に入学した方の免除要件は、文部科学省生涯学習推進課に連絡してください。

① 免除を受けることができる試験科目	② 相当する高等学校の科目	③ 高等専門学校の科目	④ 免除に必要な修得単位数	備考
国　語	現代の国語 / 言語文化	国語に関する科目	4	令和4年4月以降に入学した方
	国語表現Ⅰ / 国語総合		3	平成15年4月から令和4年3月までの間に入学した方
地　理	地理総合	地理に関する科目	2	令和4年4月以降に入学した方
	地理A		2	平成15年4月から令和4年3月までの間に入学した方
歴　史	歴史総合	歴史に関する科目	2	令和4年4月以降に入学した方
	世界史A	世界史に関する科目	2	平成15年4月から令和4年3月までの間に入学した方
	日本史A	日本史に関する科目	2	
公　共	公共	公共に関する科目	2	令和4年4月以降に入学した方
	現代社会	現代社会に関する科目	2	平成15年4月から令和4年3月までの間に入学した方
	倫理	倫理に関する科目	2	※倫理と政治・経済は両方必要
	政治・経済	政治・経済に関する科目	2	
数　学	数学Ⅰ	数学に関する科目	3	
物理基礎	物理基礎／物理Ⅰ	物理に関する科目	2	
化学基礎	化学基礎／化学Ⅰ	化学に関する科目	2	
生物基礎	生物基礎／生物Ⅰ	生物に関する科目	2	
地学基礎	地学基礎／地学Ⅰ	地学に関する科目	2	
英　語	英語コミュニケーションⅠ / オーラル・コミュニケーションⅠ	英語に関する科目	3	令和4年4月以降に入学した方
	英語Ⅰ / コミュニケーション英語Ⅰ		3	平成15年4月から令和4年3月までの間に入学した方

❸ 大学入学資格検定で一部の科目に合格した方

① 免除を受けることができる高卒認定試験科目	① に相当する大検の受検科目
国　語	国語（甲）
	現代国語
	国語
地　理	人文地理
	地理
	地理A
	地理B
歴　史	世界史
	世界史A
	世界史B
	日本史
	日本史A
	日本史B
公　共	一般社会
	時事問題
	社会
	現代社会
	倫理・社会 （注）
	倫理 （注）
	政治・経済 （注）

① 免除を受けることができる高卒認定試験科目	① に相当する大検の受検科目
数　学	一般数学
	解析（1）
	幾何
	解析（2）
	数学Ⅰ
	数学Ⅱ
	数学Ⅲ
	数学一般
	数学ⅡA
	数学ⅡB
	数学Ⅱ・数学A
	電気一般
	機械一般
	工業数理

① 免除を受けることができる高卒認定試験科目	① に相当する大検の受検科目
科学と人間生活	基礎理科
	理科Ⅰ
	総合理科
物理基礎	物理
	物理ⅠA
	物理ⅠB
化学基礎	化学
	化学ⅠA
	化学ⅠB
生物基礎	生物
	生物ⅠA
	生物ⅠB
地学基礎	地学
	地学ⅠA
	地学ⅠB
英　語	英語
	ドイツ語
	フランス語
	中国語

※（注）高等学校卒業程度認定試験の試験科目「公共」を免除するためには、「倫理・社会」と「政治・経済」又は「倫理」と「政治・経済」の2科目が必要です。

❹ 知識及び機能に関する審査（技能審査）に合格した方

① 免除を受けることができる試験科目	② 技能審査 名称	免除に必要な級	実施団体
歴　史	歴史能力検定	世界史1級、世界史2級又は世界史3級及び日本史1級、日本史2級又は日本史3級 ※世界史と日本史の両方必要です	歴史能力検定協会（TEL 03-6627-3725）
数　学	実用数学技能検定	1級、準1級又は2級	公益財団法人日本数学検定協会（TEL 03-5812-8340）
英　語	実用英語技能検定	1級、準1級、2級又は準2級	公益財団法人日本英語検定協会（TEL 03-3266-8311）
	英語検定試験	1級又は2級	公益財団法人全国商業高等学校協会（TEL 03-3357-7911）
	国際連合公用語英語検定試験	特A級、A級、B級又はC級	公益財団法人日本国際連合協会（TEL 03-6228-6831）

❺ その他の方

専修学校高等課程や在外教育施設で単位を修得した方、専門学校入学者検定等の科目合格者等の中で指定された条件に該当する方は、出願の際に必要な証明書を願書に添えて申請すれば、一部の試験科目について試験が免除される場合があります。免除を受けられる試験科目については、文部科学省生涯学習推進課に連絡してください。

高卒認定試験完全ガイド 高認があるじゃん！
2024～2025年版

2024年4月30日　初版第1刷発行

発　　　行：**学びリンク株式会社**

〒101-0064　東京都千代田区神田猿楽町2-1-14
A&Xビル6階
TEL 03-6260-5100　　FAX 03-6260-5101
HP　https://manabilink.co.jp/

通信制高校えらび応援サイト
『通信制高校があるじゃん！』
https://www.stepup-school.net/

不登校生の居場所探し応援サイト
『フリースクールガイド』
http://fsmanavi.net/

発行・編集人：山口教雄

企　　　画：三浦哉子　柴﨑俊介　渋谷和佳奈　大戸千紘　藤井洸之介　米沢育海

取材・編集：小林建太　小野ひなた　片山実紀　柳野安海　堀田博美
進　　　行：大山順子　十川千香
本文デザイン：渡邉幸恵　長谷川晴香　藤島美音　山下蓮佳　南如子　鈴木佳恵
　　　　　　　株式会社 日新

表　　　紙：山下蓮佳

販促企画：西田隆人

印　　　刷：株式会社 シナノ パブリッシング プレス

インターネットからも資料請求ができます。
左のQRコードから資料請求ページにアクセス！
URLはコチラ：https://www.stepup-school.net/media/95